Daniel Ficker Stähelin

Karl Barth und Markus Feldmann
im Berner Kirchenstreit
1949–1951

T V Z

Daniel Ficker Stähelin

Karl Barth und Markus Feldmann im Berner Kirchenstreit 1949–1951

T V Z

Theologischer Verlag Zürich

Gedruckt mit freundlicher Unterstützung der Reformierten Kirchen
Bern-Jura-Solothurn und der Burgergemeinde Bern.

Umschlaggestaltung:
www.gapa.ch   gataric, ackermann und partner, zürich
Foto Karl Barth © Karl Barth-Archiv Basel
Foto Markus Feldmann © Dr. Hans Feldmann, Ittigen

Druck:
ROSCH-BUCH, Scheßlitz

Die Deutsche Bibliothek – Bibliographische Einheitsaufnahme
Die Deutsche Bibliothek verzeichnet diese Publikation in der Deutschen
Nationalbibliographie; detaillierte bibliographische Daten sind im Internet
über http://dnb.ddb.de abrufbar.

ISBN-10: 3-290-17394-1
ISBN-13: 978-3-290-17394-4

© 2006 Theologischer Verlag Zürich

Inhalt

Meiner Frau Brigit Lila Stähelin
und unseren Kindern
Rahel, Manuel und Laura

Vorwort

Mitten in den Auseinandersetzungen des Kalten Krieges beschäftigte die schweizerische Öffentlichkeit der Briefwechsel zwischen dem Theologen Karl Barth und dem späteren Bundesrat Markus Feldmann. Die Kontroverse zwischen den beiden profilierten Persönlichkeiten ging als «Berner Kirchenstreit» in die Geschichte ein. Bei dieser Auseinandersetzung ging es um die Stellung der Kirche zum Kommunismus, um den Zusammenhang von Kirche und Staat, um zentrale Fragen der politischen Ethik, um das Verhältnis von Bibel und Zeitung, um Fragen des Bekenntnisses und der Toleranz in einer pluralistischen Volkskirche und um Fragen des Menschenbildes.

Prominente Theologen, Politiker, Journalisten, Juristen und Philosophen beteiligten sich an der Diskussion.

Die Auseinandersetzung, bei der nicht zuletzt auch «Berner Ernst» und «Basler Humor» aufeinander gestossen sind, ist auch im Blick auf heutige Kontroversen spannend und aktuell.

Auf Anregung von Prof. Andreas Lindt (†) habe ich vor vielen Jahren eine Arbeit zum Berner Kirchenstreit geschrieben. Prof. Christian Link, Prof. Rudolf Dellsperger und Prof. Wolfgang Lienemann haben mich ermutigt, die Arbeit mit den inzwischen neu verfügbaren Quellen (insbesondere dem Tagebuch von Markus Feldmann in sechs Bänden und der Karl Barth-Gesamtausgabe in inzwischen über 40 Bänden) zu ergänzen, in einen grösseren Zusammenhang zu stellen und mit Kapiteln über Karl Barth und seine politische Ethik zu erweitern und zu veröffentlichen. Ihnen allen gilt mein Dank. Ganz besonders danke ich Prof. Wolfgang Lienemann, dessen Assistent ich von 1992 bis 1995 war, für all seine Anregungen und die vielen interessanten Gespräche über Karl Barth.

Ein Dank geht auch an meinen Vater, Pfr. Alfred Ficker, der bei mir schon als Jugendlicher das Interesse an Theologie und Politik wecken konnte. Bedanken möchte ich mich bei meiner Kirchgemeinde, der Petrusgemeinde, und bei der Gesamtkirchgemeinde Bern, die mir einen Studienurlaub ermöglicht haben, damit das vorliegende Buch fertig geschrieben werden konnte.

Meiner Berner Kirche (Reformierte Kirchen Bern-Jura-Solothurn) und der Burgergemeinde Bern danke ich für grosszügige Druckkostenzuschüsse.

Bedanken möchte ich mich auch beim Sohn von Markus Feldmann, Dr. Hans Feldmann, der mir in interessanten Gesprächen, zu denen wir uns im Unterschied zu den beiden Kontrahenten getroffen haben, Einblick in das Leben und Denken seines Vaters gegeben hat. Er hat auch das Foto von Markus Feldmann auf dem Umschlag zur Verfügung gestellt.

Ein Dank geht auch an Dr. Hans-Anton Drewes vom Karl Barth-Archiv, von wo das Foto von Karl Barth stammt, und an Mary Stähelin für das Korrekturlesen. Bedanken möchte ich mich auch bei der Lektorin Corinne Auf der Maur vom Theologischen Verlag Zürich für ihre Ratschläge und Mithilfe beim Entstehen dieses Buches.

Gewidmet ist das Buch meiner Frau, die mich als Baslerin mit dem nötigen Humor begleitet hat, wenn ich als Berner den Kirchenstreit und die Arbeit am Buch allzu ernst nahm, und unseren drei Kindern, die sich während meines Studienurlaubs im Pfarrhaus an der Bürglenstrasse so ruhig wie möglich verhalten haben.

Bern, Juni 2006   Daniel Ficker Stähelin

1. Einleitung

Wenn zwei bedeutende und profilierte Persönlichkeiten, die einerseits viel Gemeinsames haben, die andererseits aber noch viel mehr trennt, miteinander in einem öffentlichen Streit die Klinge kreuzen, kann daraus viel gelernt werden, weil die unterschiedlichen Positionen besonders deutlich werden.

Karl Barth und Markus Feldmann hatten viele Gemeinsamkeiten: Sie sind beide grösstenteils in der Stadt Bern aufgewachsen und in die Lerber-Schule, damals ein Gymnasium mit einem pietistischen Hintergrund, gegangen. Beide haben sich nicht zuletzt aufgrund von Einflüssen der liberalen Theologie vom Pietismus des Elternhauses lösen können. Begeistert haben sie in einer Studentenverbindung mitgemacht. Beide waren durch und durch politische Menschen. Barth hat mehrmals gesagt, dass er, wenn er nicht Theologe geworden wäre, Politiker geworden wäre. Beide interessierten sich für historische, aber auch für militärisch strategische Fragen. Sie waren aufgeschlossen für die soziale Frage, was für Barth zur Konsequenz hatte, dass er Mitglied der sozialdemokratischen Partei (SP) wurde. Feldmann wurde dagegen Mitglied der Bauern-, Gewerbe- und Bürgerpartei (BGB, heute SVP). Er hat sich aber für die Beteiligung der Sozialdemokraten an der Regierung und damit für die Konkordanzdemokratie eingesetzt.

Barth und Feldmann haben in der «Aktion Nationaler Widerstand» gegen den Nationalsozialismus und für die Unabhängigkeit der Schweiz gekämpft, deren freiheitliche und demokratische Ordnung und deren politische Neutralität ihnen ausserordentlich wichtig waren. Allerdings hat sich Barth während des Krieges in seinen Vorträgen und Schriften so deutlich gegen das nationalsozialistische Deutschland gewendet, dass Feldmann darin eine Neutralitätsverletzung sah.

Beide litten darunter, dass sie seinerzeit als militärdienstuntauglich erklärt worden waren und so keinen militärischen Beitrag zur Verteidigung der Schweiz gegen Hitler leisten konnten. Barth hat sich deshalb 1940 zum bewaffneten Hilfsdienst gemeldet.

Barth und Feldmann konnten mit Leidenschaft für eine Sache kämpfen, von der sie überzeugt waren. Sie redeten niemandem nach dem Mund. Ihre Gegner konnten sie provozieren und pointiert haben sie sich auch über sie geäussert. Sie hatten eine geradezu «sportliche» Freude an Auseinandersetzungen.

Die Unterschiede zwischen Barth und Feldmann sind allerdings noch wesentlich grösser: Waren für den Juristen Feldmann letztlich der Staat und das Recht das Höchste, so ging es dem Theologen Barth gerade um die Grenzen, die auch einem demokratischen Staat gesetzt sind. Bekannte sich Feldmann zur Landesverteidigung, so stand für Barth das Bekenntnis zu Jesus Christus im Zentrum. War Feldmann letztlich nur an einer christlichen Ethik interessiert, so ging es Barth um den inneren Zusammenhang von Dogmatik und Ethik. Hatte Feldmann ein von der Aufklärung und vom Idealismus geprägtes Bild vom Menschen, so vertrat Barth ein biblisch-reformatorisches Menschenbild.

Barth ist bei der liberalen Theologie nicht stehen geblieben und wurde der Begründer und wichtigste Vertreter der dialektischen Theologie. Feldmann hat deren Vertreter vehement angegriffen, weil sie sich seiner Meinung nach zu wenig deutlich gegen den Kommunismus gestellt haben. Barth hat sich dabei gegen jede politische Instrumentalisierung des Evangeliums gewehrt und sich geweigert, mit dem Strom zu schwimmen und im Kalten Krieg in den ideologischen Kampf gegen den Kommunismus eingespannt zu werden.

Diese unterschiedlichen Positionen haben zu einem für den Kanton Bern, in dem Kirche und Staat sonst in friedlicher Partnerschaft zusammen leben und wirken, grossen Streit geführt, bei dem die Hauptkontrahenten Markus Feldmann und Karl Barth waren.

Der Berner Kirchenstreit, der hier zum ersten Mal detailliert dargestellt und der Forschung zugänglich gemacht wird, war ein komplexer und paradigmatischer Vorgang, bei dem es nicht nur um das politische Zeugnis der Kirche im Ost-West-Konflikt ging, sondern unter theologischen, politischen und kirchenrechtlichen Gesichtspunkten auch um die Freiheit und Loyalität einer Landeskirche in ihrem Verhältnis zu Volk und Staat. In welchem Verhältnis stehen in einer pluralistischen und demokratisch aufgebauten Volkskirche Lehr- und Bekenntnisfreiheit zum Evangelium von Jesus Christus? Welche Konsequenzen hat das Christusbekenntnis der Kirche für ihre und ihrer einzelnen Mitglieder politische Zeitgenossenschaft? Um diese und verwandte Fragen ist in der Berner Kirche von 1949 bis 1951 leidenschaftlich gestritten worden.

Ich habe aus dem Synodalratsarchiv (deponiert im Staatsarchiv des Kantons Bern), aus dem Karl Barth-Archiv, aus dem Dossier zum Berner Kirchenstreit auf der Kirchendirektion des Kantons Bern, aus einer Dokumenten-Sammlung der Theologischen Arbeitsgemeinschaft des

Kantons Bern (deponiert im Staatsarchiv), aus mehr als 300 Artikeln aus Zeitungen und Zeitschriften, aus dem Tagebuch von Markus Feldmann und der Karl Barth-Gesamtausgabe viel Quellenmaterial zusammengetragen und ausgewertet und die Ergebnisse zu einer Darstellung verdichtet, die einerseits ein Beitrag zur kirchlichen Zeitgeschichte sein soll, und andererseits zu Grundlagen der politischen Urteilsbildung reformierter Kirchen beitragen soll.

Am konkreten Beispiel des Berner Kirchenstreits werden wichtige Aspekte von Karl Barths politischer Ethik dargestellt, bei der theologische Arbeit und Zeitdiagnose, theologische Konzentration und politische Implikation untrennbar zusammen gehörten, so dass Barths Theologie auch dort politisch war, wo sie nichts anderes als sachgerechte Theologie sein wollte.

Nicht zuletzt soll mit diesem Buch auch ein Desiderat in der Erforschung der Biografie Karl Barths erschlossen werden.

Die näheren Quellenangaben und die vollständigen Literaturangaben finden sich im Quellen- und Literaturverzeichnis am Schluss des Buches.

2. Der Theologe Karl Barth (1886–1968)

Wenn man nach dem bedeutendsten Theologen des 20. Jahrhunderts fragt, dann fällt zweifellos der Name von Karl Barth. Barth war aber nicht nur ein grosser Theologe, sondern auch ein bedeutender politischer Ethiker. Wer aber war Karl Barth?[1]

Karl Barth wurde am 10. Mai 1886 in Basel geboren. Sein Vater Johann Friedrich Barth hatte damals in Basel eine Lehrtätigkeit an der Predigerschule inne, die in Opposition zur liberalen Universitätstheologie gegründet worden war. Barth entstammte dem Basler Bürgertum. Seine beiden Grossväter waren Theologen.

1889 wurde der Vater von Barth als Nachfolger von Adolf Schlatter an die Universität Bern berufen. Karl wuchs daher in Bern auf. Er besuchte die Lerber-Schule, das heutige Freie Gymnasium, damals eine Schule mit einem pietistischen Hintergrund. Die Erziehung seiner Eltern, vor allem diejenige der Mutter, war streng, so dass es ab und zu zu Zusammenstössen kam. Aber es war nach Barth eine Erziehung in einem «guten [...] christlichen Geiste»[2]. Als spannend erlebte Karl den Konfirmandenunterricht bei Pfarrer Robert Aeschbacher, der an der Nydeggkirche wirkte. Hier wurde er auch erstmals mit der sozialen Frage konfrontiert. Nicht zuletzt der Konfirmandenunterricht veranlasste ihn, Theologie zu studieren, weil er die grossen und schönen Sätze des christlichen Glaubensbekenntnisses nicht nur kennen, sondern auch verstehen wollte.[3]

Das Theologiestudium in Bern hat ihn die historisch-kritische Schule so gründlich durchlaufen lassen, dass sie ihm später «nicht mehr unter die Haut oder gar zu Herzen, sondern, als nur zu bekannt, nur noch auf die Nerven gehen»[4] konnte. Dabei verstand sich Barth zunächst durch-

---

1 Vgl. dazu E. Busch, Karl Barths Lebenslauf. Einen ausgezeichneten Überblick über das Leben und Werk von Karl Barth gibt: E. Jüngel, Barth-Studien, 22–60 und E. Jüngel, Barth Karl (Artikel TRE), 251–268. F. Jehle, Lieber unangenehm laut als angenehm leise. Der Theologe Karl Barth und die Politik 1906–1968.

2 Interview mit H. Fischer-Barnicol 1964, zitiert bei Busch, a.a.O., 23.

3 Vgl. Busch, a.a.O., 42f.

4 Zitiert nach E. Jüngel, Barth-Studien, 24.

aus im Gegensatz zu seinem Vater als liberal. Starken Eindruck machte auf ihn die Lektüre von Kants «Kritik der praktischen Vernunft».[1] Nach einigen Semestern in Bern wollte Barth sein Studium im «liberalen» Marburg fortsetzen. Dem widersetzte sich aber der Vater, so dass Barth schliesslich als Kompromiss, nachdem ihn sein Vater ins «konservative» Tübingen schicken wollte, in Berlin weiterstudierte. Hier lehrte der bekannte liberale Theologe Adolf von Harnack, als dessen Schüler Barth sich damals verstand.[2] Später sollte es zwischen den beiden zu einer grossen Auseinandersetzung über das Problem der Wissenschaftlichkeit der Theologie kommen. Wichtig wurde Barth jetzt die Lektüre von Friedrich Schleiermacher, mit dem er sich trotz späterer Distanzierung ein Leben lang intensiv auseinander setzte. Inzwischen hatte er doch noch in Tübingen studiert und dort den theologisch konservativen Adolf Schlatter gehört, zu dem er aber eine kritische Distanz bewahrte. Sein Studium konnte er aber dann wunschgemäss in Marburg abschliessen. Hier wurde nun Wilhelm Herrmann, der stark von Kant und von Schleiermacher beeinflusst war, sein eigentlicher Lehrer.[3]

Nach dem theologischen Examen und einem kurzen Vikariat im Berner Jura kehrte Barth nach Marburg zurück. Er wurde Redaktionsgehilfe bei der Zeitschrift «Die christliche Welt», einem liberalen Blatt, das Prof. Martin Rade herausgab, dessen Tochter Helene 1915 Peter Barth, den Bruder von Karl Barth, heiratete.

1909 nahm Barth Abschied von Marburg. Er wurde Hilfspfarrer in Genf, wo er auch seine spätere Frau, Nelly Hoffmann, kennen lernte. Die beiden heirateten 1913.

1911 wurde Barth Pfarrer im aargauischen Safenwil, einer Bauern- und Arbeitergemeinde. Zunächst konzentrierte er sich dort vor allem auf die Predigt und den Unterricht. Da sich Safenwil aber mehr und mehr zu einem Industriedorf entwickelte, wurde er mit der Notlage der Arbeiter konfrontiert. Das hat ihn veranlasst, sich theoretisch und praktisch mit der sozialen Frage auseinander zu setzen. 1915 trat er der sozialdemokratischen Partei bei, was in seiner Gemeinde einen grossen Wirbel und

---

[1] Vgl. dazu Jüngel, a.a.O., 24.
[2] Vgl. dazu Busch, a.a.O., 50ff.
[3] Vgl. dazu Busch, a.a.O., 56ff.

viele Kirchenaustritte verursachte. Er galt nun als der «rote Pfarrer» von Safenwil. Sein Interesse am Sozialismus war aber nicht etwa theoretischer Natur, sondern eine praktische politische Entscheidung. Es ging ihm um die Solidarität mit den Arbeitern und um gerechte Verhältnisse. Den Arbeitern rief er zu: «Nicht wir sollen in den Himmel, sondern der Himmel soll zu uns kommen.» Dazu zitierte er das bekannte Wort von Oetinger: «Das Ende der Wege Gottes ist die Leiblichkeit.»[1] Stark beeinflusst war Barth nun auch von den Religiösen Sozialisten, vor allem von Hermann Kutter und Leonhard Ragaz, von denen er sich später allerdings distanzierte, weil diese seiner Meinung nach das Reich Gottes allzu sehr mit der sozialen Bewegung identifizierten. In die Safenwiler Zeit fällt auch die Freundschaft mit Eduard Thurneysen, der Barths theologische Entwicklungen konsequent mitvollzog und zum Teil auch hervorrief.[2]

Beim Ausbruch des Ersten Weltkriegs kam es zu einem Bruch mit seinen theologischen Lehrern, weil er in einem Manifest von 93 deutschen Intellektuellen, die sich voll und ganz hinter die Kriegspolitik Kaiser Wilhelms II. stellten, ausgerechnet auch seine liberalen theologischen Lehrer entdeckte. Am ethischen Versagen seiner Lehrer wurde Barth klar, dass auch ihre exegetischen und dogmatischen Voraussetzungen nicht in Ordnung sein konnten. Seiner Meinung nach mussten eine neue Theologie und neue Grundlagen erarbeitet werden, damit die Pfarrer auf der Kanzel bestehen konnten. Gerade die Predigtnot, die schwierige Situation auf der Kanzel als Mensch von Gott reden zu müssen, verlangte nach einer neuen theologischen Grundlegung. Barths Abkehr vom theologischen Liberalismus bedeutete für ihn aber keine Abkehr vom demokratischen Liberalismus.

Barth und Thurneysen war klar, dass sie noch einmal mit dem «theologischen ABC» von vorne beginnen mussten.[3] Wo aber sollten sie einsetzen? Nach einigem Zögern – Barth schwebte zuerst erneut ein «Kantstudium» vor – entschloss er sich, sich nun ganz auf die Exegese der Bibel einzulassen. Wichtig wurde ihm in diesem Zusammenhang

---

[1] K. Barth, Vorträge und kleinere Arbeiten, 396 und 398.
[2] Vgl. dazu Jüngel, a.a.O., 25.
[3] Vgl. dazu Jüngel, a.a.O., 34.

gerade auch die Rückbesinnung auf die Reformatoren, insbesondere auf Calvin.

Die intensive theologische Reorientierung hat ihn zur Bibel, aber auch zur Welt des Politischen zurückgeführt. Die Konzentration auf das Wort Gottes hat ihm dabei zu einer neuen theologisch-politischen Urteilskraft verholfen. Ihm wurde klar, dass sich die Theologie den Herausforderungen der Zeit zu stellen hatte. «Hätten wir uns doch früher zur Bibel bekehrt, damit wir jetzt festen Grund unter den Füssen hätten! Nun brütet man abwechselnd über der Zeitung und dem N. T. und sieht eigentlich furchtbar wenig von dem organischen Zusammenhang beider Welten, von dem man jetzt deutlich und kräftig sollte Zeugnis geben können.»[1] Diese Sätze schrieb Barth am 11. November 1918 seinem Freund Eduard Thurneysen, nachdem in der Schweiz der Generalstreik ausgerufen worden war. Sie sind typisch für Barths Denken überhaupt. Er liess sich in seiner theologischen Existenz von Gottes Wort herausfordern und eben deshalb auch von der Tagespolitik. Zeitlebens ging es ihm um den Zusammenhang von Bibel und Zeitung, von Theologie und politischer Orientierung.

1919 kam Barths Kommentar zum Römerbrief heraus. Die erste Auflage des Römerbriefkommentars und der berühmte Vortrag von 1919 «Der Christ in der Gesellschaft», den Barth an einer «religiös-sozialen» Tagung in Tambach (Thüringen) hielt[2], und in dem er sich von den religiösen Sozialisten und von aller «Bindestrichtheologie», der Vermischung von Theologie und Politik, distanzierte, machten ihn in Deutschland bekannt und trugen ihm einen Ruf für eine Honorarprofessur für reformierte Theologie in Göttingen ein, dem er 1921 folgte, ohne dass er je doktoriert, geschweige denn sich habilitiert hätte. Barth hat im Rückblick auf sein Leben in einem Interview dazu gesagt: «Im Laufe dieser Arbeit als Pfarrer bin ich allmählich auf die Bibel aufmerksam geworden; und ich fing an, das Buch über den Römerbrief zu schreiben. Aber ich habe das nicht als eine Dissertation beabsichtigt, sondern schrieb es einfach so vor mich hin. Ich habe gedacht, was ich da gefunden habe, könne andere Leute auch interessieren [...] Danach ist ein Ruf

---

[1]   K. Barth – E. Thurneysen, Briefwechsel, Band 1, 300.
[2]   Vgl. dazu Busch, a.a.O., 122.

aus Göttingen gekommen, und so bin ich halt Professor geworden. Meine ganze Theologie, wissen Sie, ist im Grunde eine Theologie für Pfarrer. Sie ist herausgewachsen aus meiner eigenen Situation, wo ich unterrichten, predigen und ein wenig Seelsorge üben musste. Und dabei sah ich, dass es so nicht weiter gehe, wie ich es auf der Universität gelernt habe. Also galt es einen neuen Anfang zu machen, und das habe ich dann so versucht.»[1]

Barths Römerbriefkommentar und sein Tambacher Vortrag waren der Auftakt zu einer theologischen Neubesinnung und Wende der Theologie im 20. Jahrhundert.

1922 erschien dann die völlig umgearbeitete zweite Auflage des Römerbriefkommentars, mit der Barth berühmt wurde. Es ist typisch für ihn, dass er noch einmal von vorne begann. «Mit dem Anfang anfangen» – so könnte man den Grundtenor von Barths Theologie nennen. Noch einmal ganz neu die biblischen Schriften lesen, als ob man sie noch nie gelesen hätte, so dass sie uns neu in unserer Existenz treffen können, darum ging es ihm.

1922 gründete Barth in Göttingen zusammen mit Friedrich Gogarten, Eduard Thurneysen und Georg Merz die Zeitschrift «Zwischen den Zeiten», in der auch Rudolf Bultmann publizierte[2], und welche zur Zeitschrift der so genannten dialektischen Theologie wurde.

Der Name «dialektische Theologie» bezeichnet die von Karl Barth, Emil Brunner, Rudolf Bultmann und Friedrich Gogarten repräsentierte theologische Bewegung.[3] Er ist den erwähnten Theologen von aussen «angehängt» worden aufgrund der Argumentation in Barths Tambachervortrag. Dieser Vortrag, «Der Christ in der Gesellschaft», ist mit schroffen Antithesen durchzogen und lebt von der Emphase des «totaliter aliter», des «senkrecht vom Himmel».[4] Der Durchbruch des Göttlichen ins Menschliche erfolgt senkrecht vom Himmel. Gotteserkenntnis ist nur auf Grund von Gottesoffenbarung möglich. Gott ist der «ganz Andere».

Gegenüber den religiösen Sozialisten betonte Barth, dass auch der Sozialismus nicht religiös überhöht und verklärt werden dürfe. In der

---

[1] K. Barth, Letzte Zeugnisse, 19.
[2] Vgl. dazu Jüngel, a.a.O., 26.
[3] Vgl. E. Jüngel, Barth Karl, 257.
[4] K. Barth, Der Christ in der Gesellschaft, 35.

Politik ging es ihm um nüchterne Sachlichkeit. Alles Ideologische war ihm ein Gräuel. Zeitlebens hat er sich deshalb für eine ideologiefreie Politik eingesetzt. Er wehrte sich gegen jede Vermischung von Politik und Religion, von Göttlichem und Menschlichem. Der Römerbrief lehrte Barth, «dass ich das, was Kierkegaard den ‹unendlichen qualitativen Unterschied› von Zeit und Ewigkeit genannt hat, in seiner negativen und positiven Bedeutung möglichst beharrlich im Auge behalte, ‹Gott ist im Himmel und du auf Erden›»[1]. In Christus aber wird gemäss Barth die Ebene der menschlichen Wirklichkeit von der ganz anderen göttlichen Wirklichkeit senkrecht von oben durchschnitten. Der Mensch kann Gott von sich aus nicht erkennen. Er ist auf die Offenbarung Gottes angewiesen. In Christus hat Gott zu dieser Welt und zu uns Menschen aber «ja» gesagt. Die Theologie hat über dieses «Ja» Gottes nachzudenken. Barth stellte damit der Theologie des menschlichen Bewusstseins, bei der sich letztlich alles um den Menschen dreht – bei der liberalen Theologie um das sittliche Selbstbewusstsein, bei den Pietisten um das fromme Selbstbewusstsein und das Bekehrungserlebnis –, die Theologie des Wortes Gottes und der göttlichen Offenbarung entgegen.

Von 1925 bis 1930 lehrte Barth dann als Professor für Dogmatik und neutestamentliche Exegese in Münster. Hier entstand die «Christliche Dogmatik im Entwurf».

Ab 1929 arbeitete er mit Charlotte von Kirschbaum zusammen, die ihm eine treue Mitarbeiterin wurde.[2] Ohne sie wäre Barths Werk nicht vorstellbar. Allerdings war es für seine Frau Nelly und seine fünf Kinder nicht einfach, dass Charlotte von Kirschbaum im gleichen Haushalt lebte.

1930 wurde Barth Professor für systematische Theologie in Bonn. Hier entstand der erste Band der Kirchlichen Dogmatik (KD). Barths Dogmatik wollte dabei zunächst nichts anders als konsequente Exegese sein. Aus dem Verfasser des Römerbriefs war zwar der Systematiker geworden, aber auch als dieser blieb ihm die Exegese der Bibel sehr wichtig. Die Kirchliche Dogmatik war geprägt von einer methodischen

---

[1] K. Barth, Römerbrief, XIV (Vorwort zur 2. Auflage).
[2] Vgl. dazu R. Köbler, Schattenarbeit: Charlotte von Kirschbaum – die Theologin an der Seite Karl Barths; und S. Selinger, Charlotte von Kirschbaum und Karl Barth.

Reorientierung am theologischen Programm des Anselm von Canterbury, über den Barth ein Buch geschrieben hatte, das er selbst von allen seinen Büchern am meisten liebte.[1] Dieses Programm lässt sich auf die Formel «Fides quaerens intellectum» bringen – der Glaube, der nach Erkenntnis trachtet. Ursprung und Gegenstand des Glaubens ist dabei die Offenbarung des dreieinigen Gottes in dem menschgewordenen Sohn. Über die göttliche Offenbarung, die in der Bibel bezeugt wird, hat die Theologie nachzudenken. Der christliche Glaube steht und fällt nach Barth damit, dass Gott und nur Gott sein Gegenstand ist. Gott aber begegnet uns in seiner Offenbarung in Jesus Christus. Theologie ist deshalb vor allem Christologie. Nicht zuletzt wegen dieser Konzentration auf die Christologie kam es zur Distanzierung gegenüber den einstigen Weggefährten Gogarten, Brunner und Bultmann.

Der durch die Machtergreifung Hitlers ausgelöste Kirchenkampf verschärfte den Gegensatz zu Gogarten, der später zu den Deutschen Christen gehörte, derart, dass es 1933 zur Auflösung der Zeitschrift «Zwischen den Zeiten» kam.

Barth trat 1931 der SPD bei, weil diese Partei sich am konsequentesten gegen Hitler stellte. Nachdem er sich seit seinem Ruf nach Göttingen kaum mehr mit politischen Fragen auseinander gesetzt hatte, kam für ihn jetzt erneut eine politische Phase in seinem Leben.

Barth war klar, dass das Christentum vom Nationalsozialismus letztlich nur Gegnerschaft erwarten konnte. Weil der Nationalsozialismus sich wie eine Religion gebärdete, bestand die Gefahr, dass das Christentum sich ihm anpasste.[2]

1933 verfasste Barth seine berühmte Schrift «Theologische Existenz heute». Ein Exemplar schickte er Adolf Hitler. Dieser Aufsatz wurde zur ersten Nummer der gleichnamigen Schriftenreihe, in der Barth und andere Theologen der Bekennenden Kirche während des Kirchenkampfes ihre theologischen und kirchenpolitischen Auseinandersetzungen mit ihren Gegnern führten.

---

[1] Vgl. dazu Busch, a.a.O., 219.
[2] Vgl. dazu Busch, a.a.O., 231.

1934 kam es zur Bekenntnissynode von Barmen und zu der massgeblich von Barth verfassten Barmer Theologischen Erklärung[1], welche sich gegen die Deutschen Christen richtete und die als eine ganz kurze Zusammenfassung der Theologie Karl Barths verstanden werden kann.

Im gleichen Jahr kam es auch zum schroffen «Nein!» von Barth gegen Emil Brunner, weil er dessen Postulat eines natürlichen Anknüpfungspunktes beim Menschen für die christliche Verkündigung scharf ablehnte. Barth befürchtete, dass damit der natürlichen Theologie Tür und Tor geöffnet würde.

Ebenfalls 1934 weigerte sich Barth, den Beamteneid auf den Führer, auf Adolf Hitler, abzulegen und die Vorlesung mit dem Hitlergruss zu beginnen. Barth wurde deshalb zunächst von seinem Amt suspendiert. Später musste er vor Gericht erscheinen. Barth verteidigte sich, indem er dem Gericht aus der Apologie des Sokrates folgende Stelle vorlas: «Ich bin euch, ihr Athener, zwar zugetan und Freund, gehorchen aber werde ich dem Gotte mehr als euch.»[2] Barth hielt fest, dass durch den Eid und den Hitlergruss in der Vorlesung Hitler zu einem inkarnierten Gott gemacht werde und damit gegen das erste Gebot aufs Schwerste verstossen werde. Barth wurde daraufhin zwar nicht entlassen, aber in den Ruhestand versetzt. Später wurden sämtliche Schriften von Barth in Deutschland verboten. Er erhielt auch ein absolutes Redeverbot.

1935 wurde Barth in seine Vaterstadt Basel auf einen Lehrstuhl für Dogmatik berufen, den er nur mit der erklärten Absicht annahm, auch künftig keineswegs schweigen zu wollen. Barths Ernennung erfolgte unter der Bedingung, dass er als Mitglied der sozialdemokratischen Partei die schweizerisch-militärische Landesverteidigung bejahte, was er mit voller Überzeugung tat.[3] Von Basel aus kämpfte er gegen das nationalsozialistische Deutschland. Er beteiligte sich an der Arbeit des Schweizerischen Evangelischen Hilfswerks für die Bekennende Kirche und engagierte sich bei Rettungsaktionen vor allem für jüdische Flücht-

---

[1] A. Burgsmüller (Hrsg.), Die Barmer Theologische Erklärung. Zur Textentstehung und zu Barths Anteil daran vgl. Chr. Barth, Bekenntnis im Werden.

[2] Vgl. dazu Busch, a.a.O., 270.

[3] Vgl. dazu E. Bonjour, Karl Barth und die Schweiz, 305.

linge.[1] Er rief die Christen Europas mit theologischen Argumenten zum Widerstand gegen den Nationalsozialismus auf.

1938 schrieb er den berühmten Brief an Prof. Josef L. Hromádka in Prag, in welchem er festhielt, dass jeder tschechische Soldat, der gegen Hitler kämpfe, auch für die Kirche Jesu Christi kämpfe.

Die Briefe und Vorträge aus der Zeit von 1938 bis 1945 sind in einem Buch mit dem Titel «Eine Schweizer Stimme» erschienen.[2] Barth hält darin fest, dass eine gute Politik auch Gottesdienst sei. Irdisches Recht und irdische Freiheit seien auch Gottesgaben, die, wenn sie verletzt und bedroht würden, auch von der christlichen Gemeinde verteidigt werden müssten.[3]

Barth meldete sich selber 1940 zum bewaffneten Hilfsdienst, weil er überzeugt war, dass es im Kampf gegen Hitler nicht nur eine gute Theologie, sondern vor allem auch eine starke Armee brauche. Er wollte damit seine Aufrufe zum Widerstand zeichenhaft unterstreichen. Er hatte auch einen guten persönlichen Kontakt zu General Henri Guisan, der wie Barth der Studentenverbindung «Zofingia» angehörte.

Als sich ab 1943 die Haltung der Schweiz gegenüber Deutschland festigte und absehbar wurde, dass Hitler den Krieg verlieren würde, begann Barth sich mit politischen Äusserungen zurückzuhalten, weil er jetzt nicht mehr gegen den Strom schwimmen musste.

Er konzentrierte sich nun vor allem auf die Arbeit an seinem Hauptwerk, der Kirchlichen Dogmatik. Allerdings war sich Barth dabei bewusst, dass, wo theologisch geredet wird, zumindest auch implizit politisch geredet wird.[4] Die Kirchliche Dogmatik mag als unpolitisch erscheinen. In Wirklichkeit ist sie aber auch ein stilles Gespräch mit den Ereignissen der Zeitgeschichte.

Die 13 monumentalen Bände der Kirchlichen Dogmatik sind ein Fragment geblieben. In den letzten Bänden ist Barth die «Menschlichkeit Gottes» und die ihr entsprechende «Menschlichkeit des Menschen»[5]

---

1   Vgl. dazu H. Kocher, Rationierte Menschlichkeit.
2   K. Barth, Eine Schweizer Stimme 1938–1945.
3   Vgl. dazu E. Bonjour, a.a.O., 308.
4   Vgl. Busch, a.a.O., 305.
5   E. Jüngel, in: Evangelische Kommentare, Mai 86, Nr. 5, 260.

sehr wichtig geworden. Die KD wurde in viele Sprachen übersetzt.[1] Nicht zuletzt dafür erhielt Barth im Verlaufe seines Lebens 12 Ehrendoktortitel und viele andere Ehrungen. Als er auch den Friedenspreis des deutschen Buchhandels erhalten sollte, intervenierte der damalige deutsche Bundespräsident Heuss, und zwar deshalb, weil sich Barth gegen die deutsche Wiederbewaffnung und gegen den aufkommenden Antikommunismus gewendet hatte.[2] Schon früher hatte sich Bundespräsident Heuss einmal mit Bundesrat Feldmann über Barth unterhalten und sich von diesem bestätigen lassen, dass «die Anfälligkeit der dialektischen Theologie gegenüber dem Kommunismus nicht zuletzt darauf beruhe, dass die ethische Seite gegenüber der dogmatischen unterbewertet werde»[3]. Heuss zeigte sich über die Bemerkung Feldmanns «Die Dogmatik hat die Ethik gefressen» sehr erfreut und stimmte der These Feldmanns zu, «dass die Richtung Niemöller-Heinemann-Barth die dogmatischen Forderungen überspanne, die ethischen Notwendigkeiten unterbewerte und mit der überspitzen Infragestellung der menschlichen Würde und menschlicher [sic] Werte dazu beitrage, den Willen zur Verteidigung der menschlichen Freiheit zu untergraben; eine Theologie, welche den Glauben an die guten Kräfte im Menschen ablehnt, schädigt die ethischen Impulse und macht zwangsläufig gleichgültig gegenüber der Gefahr der kommunistischen Unterjochung»[4]. Diese Bemerkungen zeugen von einem grossen Missverständnis bezüglich Barths Theologie, bei der der Mensch gerade nicht klein gemacht und Gott nicht auf Kosten des Menschen gedacht wird, die gerade durch den inneren Zusammenhang von Dogmatik und Ethik gekennzeichnet ist und deren Ethik eine Ethik der Freiheit ist.[5] Den Friedenspreis bekam an Barths Stelle sein Basler Kollege Karl Jaspers. Als Ehrung postum gab dafür die deutsche Bundespost zu Barths 100. Geburtstag eine Sondermarke mit seinem Porträt heraus.

Nach anfänglichem Zögern hatte Barth ein immer intensiveres Verhältnis zur ökumenischen Bewegung. 1948 nahm er an der Vollver-

---

1 Vgl. dazu die Bibliographie Karl Barth, hrsg. von Hans-Anton Drewes.
2 Vgl. dazu E. Jüngel, Barth-Studien, 27
3 M. Feldmann, Tagebuch, 4.9.57.
4 Feldmann, Tagebuch, 16.6.58.
5 Vgl. dazu S. 135ff.

sammlung des neu gegründeten ÖRK (Ökumenischer Rat der Kirchen) in Amsterdam teil. Auch mit der katholischen Kirche kam er in ein konstruktives und intensives Gespräch, das 1966 in einem Besuch bei Papst Paul VI. gipfelte.

1962 wurde Barth emeritiert. Seine letzte offizielle Lehrtätigkeit beendete er mit der berühmten Vorlesung «Einführung in die evangelische Theologie»[1].

Barth hat während und nach seiner Lehrtätigkeit viele Reisen in die verschiedensten Länder gemacht und dabei unzählige Vorträge gehalten. Darunter auch Vorträge über die Musik Mozarts, die er liebte wie keine andere.

1968 starb Karl Barth in seinem Haus in Basel. Am letzten Abend seines Lebens sagte er in einem Telefongespräch zu seinem Freund Eduard Thurneysen: «Aber nur ja die Ohren nicht hängen lassen! Nie! Denn – ‹es wird regiert!›»[2]

Eine grosse Trauergemeinde nahm am 14. Dezember 1968 im Basler Münster von Karl Barth Abschied. Anders als knapp drei Monate später bei der Trauerfeier für Karl Jaspers nahm kein Mitglied des Schweizer Bundesrates an der Trauerfeier teil.

---

[1] K. Barth, Einführung in die evangelische Theologie.
[2] Busch, a.a.O., 515. Barth zitiert hier ein Wort von Christoph Blumhardt.

3. Der Politiker Markus Feldmann (1897–1958)

Markus Feldmann wurde am 21. Mai 1897 in Thun geboren. Sein Vater war damals Lehrer am Progymnasium und im Militär Hauptmann im Generalstab. Markus wuchs in einem pietistischen Milieu auf.[1] Im Hause seiner Eltern verkehrten Evangelisten und Heilsarmeeleute. Er musste in seiner Jugendzeit im Auftrag seines Vaters Traktate mit abstinenzlerischem Inhalt in den Arbeiterhäusern Thuns verteilen. Sehr geprägt wurde er durch die militärische Art seines Vaters. Als dieser, inzwischen Oberst geworden, bei der Generalstabsabteilung in Bern eine neue Tätigkeit als Sektionschef für kriegsgeschichtliche Arbeiten aufnahm, siedelte die Familie nach Bern über.[2] Dort hatte Markus, einer alten Familientradition folgend, die Lerber-Schule zu besuchen. Das allzu «demonstrativ christlich-pietistische Gehabe» seiner Lehrer verleidete ihm bald.[3] Überhaupt empfand er die konfessionelle Schule als unstatthafte «Stempelung». Auch gegen die pietistischen Auffassungen seiner Eltern begann er sich aufzulehnen.[4]

Als er als für den Militärdienst untauglich erklärt wurde, empfand er dies als bitteren Schicksalsschlag, da er Berufsoffizier hatte werden wollen.[5] Noch als 37-Jähriger bekannte er, dass er es «je länger je weniger» ertrage, «Zeit meines Lebens von der stärksten Ausprägung des Nationalgefühls, der Armee, als ‹untauglich› ausgeschlossen zu sein»[6].

Nach der Maturität entschloss er sich, nach kurzem Studium der Alten Sprachen, in Bern Jura zu studieren. Mit Leidenschaft machte er bei der Stundentenverbindung «Zähringia» mit. Schon damals kam es zu Auseinandersetzungen mit Theologen. In seinem Tagebuch schrieb er: «Ins Gefecht kam ich vorwiegend mit den Theologen, welche wie gewohnt mit den Stangen im Nebel herumfuchtelten und deshalb recht leicht ‹abgestochen› werden konnten.»[7]

---

1   Vgl. dazu R. Maurer, M. Feldmann, 17.
2   Vgl. dazu Maurer, a.a.O., 21.
3   Maurer, a.a.O., 25.
4   Maurer, a.a.O., 24.
5   Maurer, a.a.O., 29.
6   M. Feldmann,Tagebuch, 29.8.34.
7   Feldmann, Tagebuch, 29.5.26.

1921 schloss er seine Studien mit dem bernischen Fürsprecher-
examen und drei Jahre später mit einer rechtshistorischen Dissertation
ab.[1]

Danach begann er mit Begeisterung eine politische und journalisti-
sche Karriere. Er wurde Sekretär der stadtbernischen Bürgerpartei und
Redaktor bei der «Neuen Berner Zeitung», dem Organ der bernischen
Bauern-, Gewerbe-, und Bürgerpartei (BGB). 1928 wurde er für 17 Jahre
deren Chefredaktor.[2]

Als Publizist war Feldmann viel beachtet und geschätzt. Sein Haupt-
gewicht legte er dabei auf die Aussenpolitik. Innenpolitisch kämpfte er
mit grosser Vehemenz gegen den Antimilitarismus vor allem marxisti-
scher Prägung. Unter den Antimilitaristen bekämpfte er auch gewisse
Kreise in «der reformierten Geistlichkeit» (zum Beispiel Leonhard Ragaz), denen er Kanzelmissbrauch und Jugendverhetzung vorwarf.[3] Pazi-
fisten und Antimilitaristen begegnete er mit äusserster Abneigung.

1935 liess sich Feldmann auf die Liste der BGB setzen und wurde
daraufhin in den Nationalrat gewählt.[4] Angesichts der wachsenden
Bedrohung durch den Nationalsozialismus beschäftigte er sich vordring-
lich mit Fragen des Staatsschutzes und der Landesverteidigung. Er setzte
sich für eine Demokratie «gepanzert mit Helm und mit Schwert» ein, die
imstande sei, sich ihrer Feinde zu erwehren.[5] Energisch wandte er sich
gegen die «Totengräber» der Demokratie von links und rechts, sowohl
gegen die von Moskau abhängigen Kommunisten als auch gegen die
nach nationalsozialistischen Parolen ausgerichteten Fröntler.[6] Es erbit-
terte ihn deshalb sehr, dass ausgerechnet sein Bruder, Alfred Feldmann,
seinen marxistischen Neigungen freien Lauf liess und deshalb 1935 an
der höheren Stadtschule in Glarus als Lehrer für Altphilologie nicht wie-
dergewählt wurde.[7]

---

[1] Vgl. dazu E. Bonjour, Markus Feldmann, 303.

[2] Vgl. dazu Maurer, 45ff.

[3] Maurer, a.a.O., 62.

[4] Vgl. Maurer, a.a.O., 98.

[5] Vgl. dazu Maurer, a.a.O., 129 (Nationalratsvotum von Feldmann im November 1938).

[6] Vgl. dazu Bonjour, a.a.O., 305.

[7] Maurer, a.a.O., 111f.

Die Kriegszeit empfand Feldmann als grosse Bewährungsprobe für die schweizerische Demokratie. Er selbst setzte sich vehement für die Pressefreiheit ein und verhinderte, dass die Schweiz mit den Deutschen ein Presseabkommen schloss, was ihn bei den Nationalsozialisten zum meistgehassten Journalisten der Schweiz machte.[1] Im Interesse der Staatswohlfahrt mahnte er aber auch immer, die Grenzen der Pressefreiheit zu beachten.[2] Ein Missbrauch der Pressefreiheit lag für ihn dann vor, wenn offen für die eine oder andere Seite der am internationalen Konflikt beteiligten Länder Partei ergriffen und damit das Vertrauen in die Neutralität der Schweiz geschwächt wurde, was nachteilige Folgen für die Interessen der Schweiz haben konnte.[3]

Feldmann war in den Kriegsjahren zusammen mit Karl Barth Mitglied einer Geheimorganisation «für die innere Abwehr im Falle einer Invasion und zur Bekämpfung des Defaitismus in der Schweiz» namens Aktion nationaler Widerstand[4], die die sehr vorsichtige und ängstliche Politik des Bundesrates gegenüber Hitler zu korrigieren versuchte. Die Aktion hatte zum Ziel, den Verteidigungs- und Widerstandswillen der Schweizer Bevölkerung gegen die Bedrohung durch das nationalsozialistische Deutschland aufrecht zu erhalten. Zur Aktion gehörten einige hundert einflussreiche Persönlichkeiten. Barth gehörte zu den fünf Gründungsmitgliedern.[5] Zwischen Feldmann und Barth kam es schon damals zu Auseinandersetzungen, weil Feldmann in Barths Schrift «Im Namen Gottes des Allmächtigen!»[6] eine «wirkliche Neutralitätsverletzung» zu sehen glaubte.[7]

1940 wurde Feldmann, wahrscheinlich wegen seiner klaren Haltung gegenüber dem Nationalsozialismus und weil er damals als zu «links» galt, nicht in den Bundesrat gewählt.[8] Gewählt wurde der bernische

---

1 Vgl. dazu Bonjour, a.a.O., 306.

2 Vgl. dazu Bonjour, a.a.O., 304.

3 Vgl. dazu Maurer, a.a.O., 143.

4 Vgl. dazu E. Busch, Karl Barths Lebenslauf, 321f.

5 K. Barth, Briefe 1961–1968, 320.

6 Vgl. dazu S. 44.

7 Vgl. dazu Brief K. Barths an A. Ernst, 22.1.66, abgedruckt in: Barth, a.a.O., 321.

8 Vgl. dazu Maurer, a.a.O., 148.

Regierungsrat Eduard von Steiger, dessen Asyl- und Staatsschutzpolitik während des Kriegs später heftig kritisiert werden sollte. Feldmanns Sohn, Dr. Hans Feldmann, hat mir in einem Gespräch seinen Vater als sehr sozial eingestellt geschildert, was sich in der Zusammenarbeit mit den Sozialdemokraten und insbesondere mit den Gewerkschaften auch politisch ausgewirkt habe. Feldmann selbst hat sich als «Antikapitalisten» bezeichnet. Mit dem Wirtschaftsfreisinn hatte er zeitlebens Mühe. Geld hatte für ihn etwas «Anrüchiges». Wenn jemand eine grosse Rolle in der Wirtschaft oder auf dem gesellschaftlichen Parkett spielte, wurde er misstrauisch. Dafür war er sehr offen für die «einfachen» Leute.[1]

Feldmann galt allgemein als weitblickender und intelligenter Politiker.[2] Politik betrieb er mit grosser Leidenschaft. Wenn er von einer Sache überzeugt war, konnte er einen grossen Kampfwillen entwickeln (insbesondere in Fragen der Landesverteidigung und in der Abwehr des Kommunismus).[3] Er war geradezu «besessen vom Staat»[4], für den er sich mit grossem Eifer und ohne diplomatische Rücksichten einsetzte. Er hatte eine «sportliche Freude an Auseinandersetzungen»[5], was im Berner Kirchenstreit noch etliche Pfarrer zu spüren bekommen sollten.[6] Schon als Student galt er als ernst und sarkastisch.[7] Dem christlichen Glauben hatte er sich teilweise entfremdet.[8] Er hatte sich zu einer «illusionslosen Sicht der Welt» durchgerungen, die geprägt war vom Glauben an den

---

[1] Vgl. dazu Schweizerisches Bundesarchiv, Markus Feldmann, Bundesrat – Journalist – Tagebuchschreiber, 64.

[2] Vgl. Die Woche, 17–23.12.51.

[3] Vgl. dazu Maurer, a.a.O., 148.

[4] A. Fisch, Meine Bundesräte, 40.

[5] Maurer, a.a.O., 147.

[6] Ich habe mit verschiedenen Pfarrern, die Markus Feldmann noch persönlich gekannt haben, gesprochen (beispielsweise vor vielen Jahren mit dem ehemaligen Direktor des Seminars Muristalden, Pfr. A. Fankhauser). Sie alle haben ihn (auch als Gegner) sehr geachtet. Im Berner Kirchenstreit habe er aber einseitig von einem juristischen und politischen Standpunkt aus argumentiert. Für die biblische Botschaft habe er kaum «ein Gehör» gehabt.

[7] Vgl. dazu Bonjour, a.a.O., 301.

[8] Vgl. Maurer, a.a.O., 147.

«Kampf um das Dasein»[1]. Dem stand aber sein Idealismus und sein Glaube an die Entscheidungsfreiheit des Menschen gegenüber.[2]

Trotz seiner gewissen Distanz gegenüber dem christlichen Glauben übernahm Feldmann 1945 nebst der Erziehungs- die Kirchendirektion des Kantons Bern, als er in einer Kampfwahl gegen einen Kommunisten Mitglied der Berner Regierung wurde.[3] Er führte später selber aus, dass er immer ein lebhaftes Interesse für die Kirche gehabt habe und ein fleissiger Predigtbesucher gewesen sei, was ihn innerlich zur Übernahme der Kirchendirektion legitimiert habe.[4] Feldmann verstand sich also durchaus als Christ.

Im Dezember 1951 wurde Markus Feldmann mit einem Glanzresultat in den Bundesrat gewählt.[5] Im Unterschied zu 1940 passte der Konkordanzpolitiker und «linkskonservative» Feldmann, der in der Mitte politisierte, in die sich wandelnde politische Landschaft, bei der es 1959 dann zur so genannten Zauberformel und damit zu zwei sozialdemokratischen Vertretern im Bundesrat kam. Die antisozialistische Angst der bürgerlichen Parteien hatte sich gelegt, nachdem im Zeichen des Kalten Krieges die sozialdemokratische Partei auf die antikommunistische Linie eingeschwenkt war und sich vorbehaltlos zur Landesverteidigung bekannt hatte.[6]

Feldmann übernahm das Justiz- und Polizeidepartement (EJPD), das als «kleines» Departement galt, aber Einfluss auf die gesamte Bundespolitik erlaubte. Über die Flüchtlingspolitik der Schweiz während des Zweiten Weltkrieges liess er einen Bericht verfassen. Er hat es als einen entscheidenden Fehler bezeichnet, dass verfolgte Juden nicht als politische Flüchtlinge anerkannt worden sind.[7]

---

[1] Maurer, a.a.O., 147.

[2] Maurer, a.a.O., 148.

[3] Vgl. dazu Bonjour, a.a.O., 307.

[4] Vgl. dazu Feldmanns Referat vor der AG, 4.6.51 (im Dossier auf der Kirchendirektion).

[5] Vgl. dazu R. Maurer, in: U. Altermatt, Die Schweizer Bundesräte, 448.

[6] Vgl. dazu U. Altermatt, in: Schweizerisches Bundesarchiv, a.a.O., 101.

[7] Vgl. dazu Bonjour, a.a.O., 308f.

Feldmann war zwar nicht Chef des Militärdepartements. Dennoch rief er immer wieder zur Erhaltung der «totalen Wehrbereitschaft» auf und setzte sich für den Ausbau der Landesverteidigung ein.[1]

Immer wieder hat Feldmann im Bundesrat auch zu aussenpolitischen Fragen Stellung bezogen. Dabei ist er oft mit seinem Kollegen Max Petitpierre zusammengestossen. Es galt unter politischen Beobachtern als sicher, dass Feldmann dereinst Nachfolger von Petitpierre im Politischen Departement und damit Aussenminister geworden wäre.[2]

Dazu sollte es aber nicht kommen. Bundesrat Feldmann starb am 3. November 1958 an einem Herzversagen.

Die NZZ schrieb über Feldmann: «Es ist nicht zuviel gesagt, wenn man von ihm feststellt, er sei einer der führenden Staatsmänner unserer Generation, ja er sei eine der grossen Persönlichkeiten gewesen, welche die Schweiz hervorgebracht habe.»[3]

Feldmann hat sich als «linkskonservativer» Journalist und Politiker für die Herausbildung des Konkordanzsystems auf bernischer wie auf schweizerischer Ebene sehr verdient gemacht. Er hat sich dafür eingesetzt, dass die Sozialdemokraten, für deren soziale Anliegen er durchaus Sympathien hatte, in den kantonalen Regierungen und im Bundesrat vertreten waren.

Der Schutz des Staates vor nationalsozialistischen und kommunistischen Kräften war für ihn die zentrale Aufgabe des Staates. Dabei mussten diejenigen seinen Kampfgeist erfahren, die er als Gegner des Staates betrachtete. Als Bundesrat stand Feldmann der Bundesanwaltschaft vor. Diese Abteilung spürte «subversive» Aktivitäten Einzelner auf. Dabei legte er «Dossiers» an und kämpfte wie ein Staatsanwalt.[4] Überzeugt vom Vorrang des Rechts im Staat, sah Feldmann seine wichtigste Aufgabe darin, Recht zu setzen und durchzusetzen. «Mit der ‹Rechtsordnung› setzte er dabei den schweizerischen Staat demokratischer und liberaler Ausprägung gleich, für dessen Schutz er zeitlebens kämpfte.»[5] Als passionierter «Staatsschützer» und Patriot

---

1 Vgl. dazu Maurer, a.a.O., 449.
2 Vgl. dazu Maurer, a.a.O., 450.
3 NZZ, 4.11.58.
4 Maurer, a.a.O., 451.
5 Maurer, a.a.O., 451.

verschmerzte er es nie, dass er keinen Militärdienst leisten konnte. Für ihn bedeutete die militärische Landesverteidigung die höchste Bürgerpflicht. Ein wichtiges politisches Ziel war für ihn die Schaffung einer «totalen» Landesverteidigung, die neben dem Militärdienst auch einen obligatorischen Zivilschutz umfasste, in den er auch die Frauen einbinden wollte.[1]

Die wohl wichtigste staatspolitische Leistung Feldmanns war die Vorlage zur Einführung des Frauenstimmrechts, für das er sich mit Vehemenz einsetzte. Es blieb ihm erspart, dessen wuchtige Ablehnung in der Volksabstimmung 1959 miterleben zu müssen.

Von seiner Gymnasialzeit bis unmittelbar vor seinem Tod hat Markus Feldmann Tagebuch geführt. Kein anderer Politiker hat im 20. Jahrhundert in der Schweiz so lange und umfassend Tagebuch geführt wie er.[2] In seinen Tagebüchern hielt Feldmann inne und gab sich Rechenschaft über seinen beruflichen und politischen Alltag. Das Tagebuch diente Feldmann dabei als Arbeitsinstrument und als Erinnerungsstütze.

Sein Bundesratskollege, der weltoffene und liberale Max Petitpierre, der als Aussenminister mit der Parole «Neutralität, Solidarität, Universalität» die Schweiz gegen aussen öffnete und als geschickter Diplomat nach einem langjährigen Unterbruch auch die diplomatischen Beziehungen zur Sowjetunion wieder aufnahm,[3] verfasste ein «Memorandum» über sein Verhältnis zu Feldmann, weil er wusste, dass dieser Tagebuch führte. Falls das Tagebuch von Feldmann veröffentlicht werden sollte, sollte auch sein Memorandum als eine Art Gegendarstellung erscheinen, was im 6. Band der Tagebücher von Markus Feldmann, im Registerband, tatsächlich auch geschehen ist.[4]

Petitpierre schilderte Feldmann in seinem «Memorandum» als Politiker, der seine Politik ohne Rücksicht auf seine Kollegen im Bundesrat verfolgt habe. Feldmann habe von sich das Bild eines «dur» gegeben, eines Widerstand leistenden, misstrauischen Staatsmannes im Kampf gegen alles, was die Integrität und die Souveränität der Schweiz hätte

---

1 Vgl. dazu Schweizerisches Bundesarchiv, a.a.O., 68.
2 Vgl. dazu die Ausführungen von P. Moser, in: M. Feldmann, Tagebuch 1923–1958, Band 6, 9–72.
3 Vgl. dazu U. Altermatt, Die Schweizer Bundesräte, 432f.
4 Feldmann, Tagebuch, Band 6, 73–86.

beeinträchtigen können. Seine Haltung gegen imaginäre Feinde habe die Diskussion mit ihm erschwert.

Feldmann warf umgekehrt in seinem Tagebuch Petitpierre vor, er habe die Gefahr der totalitären Systeme, den Nationalsozialismus und den Sowjetkommunismus, zu wenig deutlich erkannt. Er sei der Illusion verfallen, mit deren Repräsentanten könne ein rationaler Dialog wie unter Demokraten geführt werden.[1] Die gleichen Vorwürfe hat Feldmann in Bezug auf den Kommunismus auch gegenüber Karl Barth erhoben.

Karl Barth wird von Feldmann in den Tagebüchern insgesamt 27 Mal erwähnt und dabei durchwegs negativ und zum Teil sogar als Staatsfeind eingestuft. Feldmann hat Barth als politischen Gegner sehr ernst genommen. Er war überzeugt, dass Barth mit seinen Stellungnahmen in der Schweiz sehr einflussreich war. Entsprechend musste die Haltung Karl Barths seiner Meinung nach bekämpft werden.

---

[1] Vgl. dazu die Ausführungen von P. Moser, a.a.O., 70.

4. Der theologische Liberalismus in Bern und das Christentum aus der Sicht der Bauern-, Gewerbe- und Bürgerpartei (BGB)

Das von der Aufklärung und vom deutschen Idealismus geprägte Denken Feldmanns hat eine starke Affinität zum theologischen Liberalismus.[1] Die Liberalen waren es denn auch, die sich im Berner Kirchenstreit geschlossen hinter Feldmann stellten.[2] Deshalb gehe ich hier ganz kurz auf den theologischen Liberalismus Ende der 40er Jahre in Bern ein.

Zusammengeschlossen haben sich die Liberalen in Bern im Verein für freies Christentum, zu welchem auch Laien gehören. In Artikel 1 der Statuten vom 6. November 1932 hält der Verein fest: «Er [der Verein] will mithelfen, die kirchlichen Lehren und Einrichtungen zeitgemäss fortzubilden, in Wort und Schrift die religiöse Welt- und Lebensanschauung im Volk zu wecken und zu vertiefen und so das religiös-sittliche Volksleben zu kräftigen.»[3]

Die liberalen Pfarrer des Kantons Bern schlossen sich in der zweiten Hälfte des 19. Jahrhunderts im Reformpfarrverein zusammen.[4]

Die liberale Theologie ist aus der Aufklärung hervorgegangen und hat Anregungen aus der Romantik und dem deutschen Idealismus übernommen. Grundlegend wichtig sind für die liberale Theologie Albert Schweitzers Kulturphilosophie und Karl Jaspers Religionsphilosophie. Gefordert wird von den Liberalen ein Christentum der Tat, das allem dogmatischen Christentum vorgezogen wird. Wichtig ist das sittlich fromme Selbstbewusstsein des einzelnen Christen.[5] Ein wichtiges Ziel ist die Versöhnung der Theologie mit dem modernen Denken (vor allem

---

1   Einen schönen Überblick zum theologischen Liberalismus gibt K. Guggisberg, Der Freie Protestantismus.

2   Vgl. dazu S. 63ff. und A. Frey, Kirchenkampf?, 46.

3   Abgedruckt in: G. Dummermuth, Jahrzehntbericht über die evangelisch-reformierte Kirche 1941–50, 350.

4   Vgl. dazu K. Guggisberg, Bernische Kirchenkunde, a.a.O., 329.

5   Vgl. dazu J. J. Stamm, Verantwortung und Freiheit einer theologischen Fakultät, 10ff.

mit den Naturwissenschaften). Jeder biblische Satz hat sich «vor dem Forum unserer vereinigten Erkenntnismittel als evident zu erweisen, ehe er als Wahrheit angenommen werden» kann.[1] Von der Theologie werden Toleranz statt feste dogmatische Lehrsätze, Wissenschaftlichkeit und intellektuelle Redlichkeit gefordert.[2]

Zwischen dem irdischen Jesus und dem auferstandenen Christus wird klar unterschieden. Dazu schrieb Fritz Buri: «Jesus verstand sich wohl als der zum kommenden Christus Bestimmte, und seine Gemeinde verehrte ihn als den Christus. Aber so sehr in Jesus als dem Christus beide Namen vereinigt sind, so bezeichnen sie doch nicht einfach dasselbe. Jesus von Nazareth ist eine menschliche Persönlichkeit. Christus aber stellt ein übernatürliches göttliches Wesen dar.»[3]

Ein wichtiger Repräsentant der Berner Liberalen war der Systematiker Martin Werner. Er war ein Anhänger der Theologie Albert Schweitzers und damit ein Vertreter der so genannten konsequenten Eschatologie.[4] Werner glaubte wie Schweitzer, dass Jesus sich in seiner Naherwartung in Bezug auf das Kommen des Reiches Gottes getäuscht habe und infolge der Parousieverzögerung das Reich Gottes durch seinen gewaltsamen Zug nach Jerusalem habe herbeizwingen wollen. Werner versuchte die Konsequenzen zu durchdenken, welche dieses Scheitern der urchristlichen Naherwartung für die Entstehung der neutestamentlichen Schriften und des christlichen Dogmas hatte.[5]

Den dialektischen Theologen warfen die Liberalen vor, sie hätten ein pessimistisches Menschenbild und zu wenig Achtung vor der weltlichen Kultur und den anderen Wissenschaften.[6]

Im Gegensatz zu den dialektischen Theologen waren sie politisch bürgerlich eingestellt. Der liberale Theologieprofessor Kurt Guggisberg

---

[1] So U. Neuenschwander, in: Schweizerische Theologische Umschau, Nov. 47, 99.
[2] Vgl. U. Neuenschwander, Die neue liberale Theologie, 5.
[3] F. Buri, Christlicher Glaube in dieser Zeit, 83. Fritz Buri war seit 1935 Privatdozent für systematische Theologie in Bern. Vgl. dazu: Guggisberg, a.a.O., 317.
[4] Guggisberg, a.a.O., 317.
[5] Vgl. dazu U. Neuenschwander, Die neue liberale Theologie, 100ff.
[6] Guggisberg, a.a.O., 143.

war beispielsweise während zehn Jahren Mitglied des Zentralvorstandes der BGB. Er hat deren weltanschauliches Programm stark beeinflusst.[1]

An dieser Stelle ist es interessant, kurz auf das Verhältnis von Feldmanns Partei (BGB) zum Christentum einzugehen, da sich dieses zu einem grossen Teil mit Feldmanns Position deckte.[2]

Die BGB hatte in Bern seit 1922 ununterbrochen den Kirchendirektor gestellt.[3] Die Partei hatte nach ihren Parteiprogrammen immer ein betont positives Verhältnis zum Christentum, wobei Sittlichkeit, Religion und Christentum für sie fliessende Begriffe waren.[4] Das Bekenntnis zum Christentum hatte eine konservative Funktion. Dabei wurden oft die eigenen Wertvorstellungen mit dem Christentum identifiziert.[5] Wichtig waren für die BGB der einzelne Mensch und dessen Persönlichkeit. Das Ziel der christlichen Ethik war für die BGB die Veredelung des Menschen. Die Ethik war der Partei wichtiger als die Dogmatik. Religion war für die Partei Privatsache und gab kaum Kriterien für politische Entscheide ab, obwohl sie sich bemühen wollte, die christlichen Grundsätze in der Politik zu verwirklichen.[6]

Die «Sache des Volkes» und die «Sache Christi» waren für die Partei weitgehend identisch. Die Partei vertrat ein christliches Bekenntnis, sofern dieses nicht im Widerspruch zur «Volksgemeinschaft» stand. Ihr Ideal war die Harmonie zwischen Volk, Staat und Kirche.[7] Diese Harmonie hinterfragten die dialektischen Theologen ebenso wie das Bekenntnis der Partei zum Kulturprotestantismus.

Die Partei setzte sich gemäss Parteiprogramm für den religiösen Frieden ein, damit jeder ungestört seinen Glauben leben konnte.[8] Für den Bestand der Demokratie brauchte es nach Meinung der BGB christlich gesinnte Menschen. Das Vordringen des Nationalsozialismus und des

---

[1] Vgl. dazu B. Welter, Das Christentum in der Geschichte der bernischen BGB, 36ff.

[2] Vgl. im Folgenden die Arbeit von B. Welter.

[3] Welter, a.a.O., 5

[4] Welter, a.a.O., 17.

[5] Welter, a.a.O., 18.39.81.

[6] Welter, a.a.O., 18 und Reformatio, Oktober 1976, 528 und 562.

[7] Welter, a.a.O., 20.35.48.81.

[8] Welter, a.a.O., 22.

Kommunismus wurde als Folgeerscheinung der Gleichgültigkeit des modernen Menschen gegenüber der Kirche und als fehlende christliche Verantwortung gedeutet. Das Christentum sollte einen Schutzwall gegen den Kommunismus bilden. Die Partei bekannte sich gerade dann betont zum Christentum, wenn eine Frontstellung gegenüber dem Kommunismus bezogen wurde.[1]

Das Parteiprogramm von 1934 wurde stark von Markus Feldmann geprägt. Feldmann wollte der Partei das Gepräge einer Weltanschauungspartei geben und zwar «auf dem Boden der christlichen Weltauffassung»[2]. In den Programmen der 30er Jahre wurde ausdrücklich festgehalten, dass sich die Partei für die religiöse Toleranz einsetze. Dem «Kanzelmissbrauch», der nach Meinung der Partei die Grundlagen der «Volksgemeinschaft» gefährden konnte, wurde der Kampf angesagt. Die gleichen Positionen vertrat Feldmann auch im Berner Kirchenstreit.

---

[1] Welter, a.a.O., 24.34.81.
[2] Welter, a.a.O., 34.

5. Die Theologische Arbeitsgemeinschaft des Kantons Bern (AG) und ihr Verhältnis zu Karl Barth

Seit 1912 war von der Münsterkanzel in Bern das kräftige Wort Albert Schädelins[1] zu vernehmen. Viele junge Theologen hörten seine Predigten und nahmen mit Genugtuung zur Kenntnis, dass er die «spiessbürgerliche Gesellschaft» wieder einmal tüchtig kritisierte.[2]

Karl Barth schrieb später seinen Berner Freunden, dass damals jeder «nicht schlafende oder sonst irgendwie hinter dem Mond lebende oder aus irgendeinem Grund verbockte jüngere Schweizer Pfarrer» mehr oder weniger «religiös-sozial» war.[3]

Als dann 1914 mit dem Ausbruch des Ersten Weltkriegs der Zusammenbruch des bürgerlichen Europa begann, erlebten die jungen Theologen zwei bittere Enttäuschungen. Ein Manifest von 93 deutschen Intellektuellen unterzeichneten auch die meisten ihrer theologischen Lehrer, die sich mit der Kriegspolitik Kaiser Wilhelms II. identifizierten.[4] Aber auch der europäische Sozialismus sollte sich zur grossen Enttäuschung der jungen Theologen nicht bewähren. Er schwenkte überall in die nationalen Kriegsfronten ein.[5]

Gerade auch Schädelin war es klar, dass nun neue theologische Grundlagen zu erarbeiten waren. Seit 1915 versammelten sich auf seine Anregung einige Pfarrer zu einer «freundschaftlichen Vereinigung», zu der jeder eingeladen war, der theologisch mitarbeiten wollte.[6] Die meist jüngeren Theologen konnten mit den alten Richtungen in der Berner Kirche nichts anfangen. Die Liberalen waren ihnen zu wenig am Bibelwort orientiert. Sie vermischten ihrer Meinung nach das Christentum

---

[1] Albert Schädelin (1897–1961) war seit 1912 Münsterpfarrer und seit 1928 Extraordinarius für praktische Theologie an der Universität Bern. Vgl. dazu Guggisberg a.a.O., 317f.

[2] Vgl. dazu G. Ludwig, Die Theologische Arbeitsgemeinschaft, 25.

[3] Gratulationsschreiben Barths an Schädelin abgedruckt in: Festschrift für A. Schädelin, 1–8 und in: K. Barth, Offene Briefe 1945–1968, 184–194, hier 189.

[4] Vgl. dazu S. 17 und E. Busch, Karl Barths Lebenslauf, 93.

[5] Barth, a.a.O., 190.

[6] Vgl. dazu erstes Protokollbuch der AG (Dokumenten-Sammlung der AG).

allzu sehr mit der Kultur und mit profanen Weltanschauungen. Die Positiven schienen ihnen die politischen Konsequenzen aus ihrem Glauben nicht zu ziehen. Deshalb beschlossen am kantonalen Pfarrverein 1915 Schädelin und Peter Barth, der Bruder von Karl Barth, einen eigenen Kreis zu bilden. Das war die Geburtsstunde der späteren Theologischen Arbeitsgemeinschaft (AG).

Die AG ist aus der Predigtnot heraus entstanden und wollte durch die Bearbeitung theologischer Fragen ihre Mitglieder «für den Dienst der kirchlichen Verkündigung fördern»[1].

Es war zunächst nur ein kleiner Kreis, der zuerst den Galaterbrief und später die «Institutio» Calvins durcharbeitete. Die leidenschaftliche Kritik an der bürgerlichen Gesellschaft und am Kulturprotestantismus begann zu verstummen, als den Mitgliedern der AG durch das Studium der Bibel klar wurde, «dass in der Bibel über Welt, Kirche, Theologie und Pfarrerschaft eine Kritik ausgesprochen ist, der gegenüber unsere Kritik nur ein harmloses Gesäusel bedeutet»[2]. Sie erkannten, dass von der biblischen Botschaft auch ein Licht auf die kirchlichen, politischen und wirtschaftlichen Fragen fällt.[3]

Zum «Schädelikränzli», wie der Kreis etwa auch spöttisch genannt wurde, gehörten anfänglich auch einige liberale Theologen (beispielsweise Martin Werner) und auch Vertreter der Positiven. Als den meisten aber durch die gemeinsame Exegese der Schrift klar wurde, «dass es ohne Erkenntnis Jesu Christi auch keine legitime Gotteserkenntnis gibt», blieben die späteren Vertreter der «konsequenten Eschatologie» aus.[4]

---

1 Ludwig, a.a.O., 32 und die Statuten der AG (Dokumenten-Sammlung der AG).

2 Ludwig, a.a.O., 27. Barth schrieb dazu: «Wir lernten aber verstehen, dass alle individuelle und soziale Hoffnung genau so viel Kraft hat, als sie mit dem Glauben an Jesus Christus identisch ist.» Barth, a.a.O., 191.

3 Vgl. dazu einen Statutenentwurf: «Die Theologische Arbeitsgemeinschaft [...] bekennt, in Übereinstimmung mit der Heiligen Schrift und der 1. These der Berner Disputation, den Herrschaftsanspruch Jesu Christi über Kirche und Welt als das ausschliessliche und alleinige Fundament aller theologischen Wissenschaft und aller kirchlichen Verkündigung.» Abgedruckt in: G. Dummermuth, a.a.O., 351.

4 So Ludwig, a.a.O., 28.

Inzwischen waren Karl Barths erster und zweiter Römerbriefkommentar erschienen, die selbstverständlich im «Schädelikränzli» gelesen wurden. Die Stimme Barths war den Mitgliedern der AG nicht fremd. Barth vermochte aber klar und deutlich zu sagen, wozu ihnen die klaren Formulierungen fehlten. So stellte Gottfried Ludwig fest: «Es stimmt aber nicht, wenn die heutige Arbeitsgemeinschaft kurzerhand als der Kreis der Barthianer bezeichnet wird, es sei denn, man wolle damit sagen, es habe zu einer Zeit Barthianer gegeben, als Karl Barth selber noch nicht Barthianer war. Deswegen hat aber Karl Barth unsere Arbeit und die theologische Erkenntnis eines jeden von uns doch wesentlich mitbestimmen und bilden helfen.»[1] Vor allem verdankten sie Barth den Hinweis auf Jesus Christus, «in dem allein der wahre und lebendige Gott zu erkennen ist».[2] Barth hatte sie auch auf die Stimmen der Reformatoren aufmerksam gemacht. Durch die Lektüre Calvins wurden sie zum «rechten politischen Gottesdienst» und damit zum Wächteramt der Kirche gegenüber dem Staat erzogen.[3]

Seit dem 13. Juni 1927 nannte sich das «Schädelikränzli» Theologische Arbeitsgemeinschaft des Kantons Bern. Nun gehörte schon eine stattliche Anzahl bernischer Pfarrer dazu. Ende der 40er Jahre waren es gegen 150 Pfarrer. Damit war die AG in der Berner Kirche zu einem Machtfaktor geworden.[4]

Die Mitglieder der AG waren Anhänger der Theologie Karl Barths. Sie sind als dialektische Theologen zu bezeichnen.

Aus den Protokollen und Korrespondenzen der AG wird ersichtlich, wie aktiv sich diese während Jahrzehnten mit kirchlichen, aber auch mit politischen Fragen beschäftigte.

Bei einigen Wahlen von neuen Theologieprofessoren kämpfte die AG mit Schreiben an die Fakultät und den Regierungsrat, mit Presseer-

---

[1] Ludwig, a.a.O., 28.

[2] Vgl. Brief von 63 Pfarrern der AG an K. Barth, 6.12.51 (Dokumenten-Sammlung der AG).

[3] Ludwig, a.a.O., 29.

[4] Vgl. Die Präsenzlisten der AG. In der Synode schlossen sie sich in der Fraktion der «Unabhängigen» zusammen. Ihre Gegner nannten sie spöttisch «die von ihrem dialektischen Schulhaupt abhängigen ‹Unabhängigen›», so z. B. M. Werner, in: Schweizerisches Reformiertes Volksblatt, 25.3.44.

klärungen und in Unterredungen mit einzelnen Regierungsräten, damit ihr genehme Professoren gewählt wurden.

Die AG war es, die 1927 Karl Barth unbedingt nach Bern berufen wollte. Dennoch scheiterte diese Berufung[1], ebenso wie diejenige von 1934. Als Barth damals in Bonn als Professor von den Nationalsozialisten in den Ruhestand versetzt wurde, schufen die Berner für Barth eine ausserordentliche Professur.[2] Die Basler kamen aber den Bernern zuvor, was in den Kreisen der AG lange nicht verschmerzt werden konnte.

Zweimal drohte die AG auseinander zu fallen und zwar wegen politischen Uneinigkeiten ihrer Mitglieder.

Als Ende der 20er Jahre der Synodalrat zusammen mit der Kirchendirektion gegen antimilitaristische Pfarrer vorgehen wollte, kam es in der Synode zu heftigen Diskussionen. Dem Kompromiss der Synode, in welchem der «Waffendienst zur Verteidigung des Vaterlandes» gebilligt wurde, konnten etliche Mitglieder der AG zustimmen. Andere empfanden dies als «Verrat am Evangelium».[3]

Zu einer zweiten Krise kam es 1943, als der Vorstand der AG ein Bekenntnis ausarbeitete. Obwohl man sich in den christologischen Fragen weitgehend einig war, kam es über die daraus zu ziehenden politischen Konsequenzen zum Streit.[4] Albert Schädelin gelang es aber, die politisch eher konservativen Mitglieder zu überzeugen, sich hinter das Bekenntnis zu stellen.[5]

Die AG bekennt sich in dieser Schrift zu Jesus Christus als «dem einzigen Trost der Welt»[6]. Die AG stellt fest, dass es nicht anders sein kann, «als dass die Glieder Christi von den Reichen und von den Gottlosen und von denen, die töricht um Gott eifern, für weltfremd, rückständig, vaterlandsfeindlich, zuchtlos und ungläubig erklärt werden»[7]. Beklagt

---

[1] Vgl. dazu S. 94f.

[2] Vgl. Guggisberg, a.a.O., 316f.

[3] Ludwig, a.a.O., 31. Vgl. zur Vereinigung der antimilitaristischen Pfarrer: P. Aerne, Religiöse Sozialisten, 211–329.

[4] Vgl. Ludwig, a.a.O., 31.

[5] Die AG gab das Bekenntnis unter dem Titel «Ruft getrost ihr Wächterstimmen!» heraus.

[6] AG, «Ruft getrost ihr Wächterstimmen!», 3.

[7] AG, a.a.O., 6.

wird in der Schrift, dass die Kirche als ein Unternehmen betrachtet
werde, «das unserem Volk die höchsten geistigen und moralischen Güter
zu vermitteln habe»[1]. Jede Bindung an menschliche Erwartungen löse die
Kirche von ihrem alleinigen Herrn. Die Kirche dürfe sich «Frieden, An-
sehen und Bestand» nicht durch «Kompromisse» erkaufen.[2] Mit Nachdruck wird auf das Wächteramt der Kirche gegenüber dem Staat hingewiesen. Eine «Kirche, die den Lehren von der Eigengesetzlichkeit des
Staates und seiner Ordnungen Raum» gewähre, verleugne die Herrschaft
des gekreuzigten und auferstandenen Christus.[3] Der Herrschaftsanspruch Christi umfasst nach dem Bekenntnis der AG alle Bereiche des
kirchlichen, politischen und wirtschaftlichen Lebens.

Auf der Seite der AG ist deutlich spürbar, dass die Erfahrungen des
deutschen Kirchenkampfes ein neues kirchliches Bewusstsein mit ent-
sprechendem politischem Engagement geschaffen haben. Als Folge davon kam es deshalb zwischen der AG und den staatlichen Behörden
immer wieder zu heftigen Auseinandersetzungen.

Zu einem solch heftigen Streit mit dem Regierungsrat kam es 1941,
als Karl Barth an der Jahresversammlung der ehemaligen Schüler des
evangelischen Seminars Muristalden in Bern einen Vortrag halten sollte
mit dem Thema «Unsere christliche Verantwortung und die schweize-
rische Aufgabe». Markus Feldmann hatte seinen Vater, der Mitglied der
Direktion des Seminars war, gebeten, diesen Vortrag zu verhindern,[4] da
Barth seiner Meinung nach die Neutralität der Schweiz in seinen
Vorträgen und Broschüren verletzte. Feldmanns Vater informierte den
Polizeidirektor, Regierungsrat Seematter, worauf dieser für Barth ein
Redeverbot verhängte.[5] Bereits zuvor hatte Bundesrat von Steiger
Nationalrat Markus Feldmann, der allgemein als Fachmann für pressepo-
litische Fragen galt, in einem Gespräch den «Fall» Karl Barth unterbreitet
und ihn um seine Meinung gefragt.[6] Von Steiger fragte Feldmann, ob die

---

1   AG, a.a.O., 7.
2   AG, a.a.O., 8.
3   AG, a.a.O., 10.
4   Feldmann, Tagebuch, 10.9.41.
5   Diese Informationen habe ich vom damaligen Direktor des Seminar Muri-
     stalden Pfr. A. Fankhauser. Vgl. dazu auch Busch, a.a.O., 324.
6   Vgl. dazu Feldmann, Tagebuch, 23.4.41.

Neutralitätsvorschriften, die für die Presse gälten, nicht auch für Vorträge bei Versammlungen anzuwenden seien. Feldmann vertrat gegenüber von Steiger die Ansicht, dass an öffentlichen Versammlungen nicht erlaubt sein könne, was der Presse nicht erlaubt sei.

Barth hatte mit seinem Vortrag «Im Namen Gottes des Allmächtigen», den er am 6. Juli 1941 zur 650-Jahr-Feier der Eidgenossenschaft vor über 2000 Mitgliedern der «Jungen Kirche» in Gwatt am Thunersee gehalten hatte, in der schweizerischen Öffentlichkeit grossen Anstoss erregt. Obwohl der gedruckte Vortrag sogleich von den Bundesbehörden verboten worden war, waren dennoch 1600 Exemplare verbreitet worden.[1] Barth selbst schickte dem Bundespräsidenten und General Guisan je ein persönlich gewidmetes Exemplar.

In diesem Vortrag hatte Barth zum Widerstand gegen das nationalsozialistische Deutschland aufgerufen[2] und dabei scharfe Kritik an der damaligen Politik der Schweizer Behörden (beispielsweise an der Einschränkung der Presse- und Redefreiheit, der Beschneidung des Asylrechts, am Handel mit den Achsenmächten) geübt.[3] Die Schweizerische Neutralität durfte für Barth als politische Neutralität nicht Gesinnungsneutralität bedeuten.

Barth war seitdem im Kanton Bern als Redner nicht mehr gern gesehen. Der Berner Regierungsrat Hugo Dürrenmatt war überzeugt, dass Barth in seinen Reden und Schriften der schweizerischen Neutralitätspolitik «den Kampf angesagt» habe und deshalb entsprechend mit einem Redeverbot zu «massregeln» sei.[4]

Die AG setzte sich für Barth ein und teilte dem Regierungsrat mit, dass es der Kirche «auf die Dauer nie bekommen» sei, wenn sie sich dem jeweiligen Zeitgeist und den Mächten der Zeit angepasst habe. Sonst müsste die Kirche ihre Grundlagen alle paar Jahre auswechseln. Die

---

[1] Vgl. Busch, a.a.O. 323f. Selbst der damals zur Presseprüfungsstelle gehörende Historiker Prof. E. Bonjour verteilte heimlich Barths Schrift, weil er sie damals als «wahre Erlösung» empfand. Vgl. E. Bonjour, Kollegen anderer Fakultäten, 101.

[2] K. Barth, Im Namen Gottes des Allmächtigen, 16f.

[3] Barth, a.a.O., 19ff.

[4] Brief Dürrenmatts an Pfr. G. Ludwig vom 5.1.42 (Dokumenten-Sammlung der AG).

Kirche habe als Grund nur Jesus Christus. Daher habe sie den Politikern immer wieder Ärger bereitet. Dabei verwies die AG auf Zwingli und auf Gotthelf.[1] Die Freiheit des Wortes sei ein «Eckpfeiler» des schweizerischen Staates und dürfe unter keinen Umständen aufgegeben werden, hielt die AG fest.[2]

Die Briefe der AG fruchteten nichts. Barth durfte seinen Vortrag im Seminar Muristalden nicht halten. Ein Konflikt zwischen Barth und der Berner Regierung hatte sich also schon lange angebahnt.

Auch Markus Feldmann griff in einer Sitzung der Aktion nationaler Widerstand, an der auch Barth anwesend war, diesen wegen seiner Schrift «Im Namen Gottes des Allmächtigen» scharf an.[3] Barth stellte sich dabei auf den Standpunkt, dass er nicht einfach für die Schweiz «an sich» eintreten könne, sondern als Theologe auch noch höhere Gesichtspunkte geltend machen müsse, und er darauf bestehe, dass seine Auffassungen toleriert würden.

Wenn es um Adolf Hitler ging, konnte und wollte Barth nicht neutral sein. Gegenüber den Schweizer Behörden, nach denen sich die christliche Botschaft auf das Seelenleben zu beschränken hatte, hielt Barth fest, «dass der Bezug auf das Leben und also auch auf die politischen Entscheidungen gerade zum Herzstück jeder ordentlichen Theologie gehöre. Gerade die auf die Lehre Zwinglis und Calvins begründete reformierte Kirche unseres Landes kann sich das Recht und die Pflicht dieses Bezuges unmöglich absprechen lassen.»[4] In einem Brief an Dr. Heinrich Rothmund, dem Chef der Fremdenpolizei, schrieb Barth: «Die Kirche, verehrter Herr Dr.! – ich wollte wohl, dass ich das über Ihren Kopf hinweg zugleich ihrem Chef [von Steiger] zurufen könnte!! – ist nun einmal nicht ein eidgenössisches Departement, das sich als solches den Intenti-

---

1 Brief der AG an Regierungsrat Dürrenmatt im Dezember 1941 (Dokumenten-Sammlung der AG).

2 Brief der AG an Regierungsrat Dürrenmatt vom 11.3.42 (Dokumenten-Sammlung der AG).

3 Feldmann, Tagebuch, 10.9.41.

4 Zitiert nach E. Busch, Der Theologe Karl Barth und die Politik des Schweizer Bundesrates, 181.

onen und Weisungen des Bundesrates unter- und einordnen dürfte und müsste.»[1]

Auf Anordnung von Bundesrat von Steiger wurde über Barth nicht nur ein politisches Redeverbot verhängt, sondern auch sein Telefon während anderthalb Jahren überwacht und seine Post einer Zensur unterzogen. Von Steiger überprüfte sogar Möglichkeiten, Barth in Haft zu nehmen.[2]

Von nun an konnte man Barths Stimme zwar nicht mehr öffentlich in der Schweiz, dafür aber zum Ärger der Schweizer Behörden im englischen Radio hören. «Die ‹Schlottertanten von Bern›, wie Barth die Bundesräte gelegentlich titulierte, blieben dem selbstbewusst agierenden inoffiziellen Vertreter einer furchtlosen antinazistischen Schweiz gegenüber letztlich machtlos»[3], schrieb in einer Rezension zu Karl Barths «Offenen Briefen» der Publizist Charles Linsmayer im Berner «Bund». Der Artikel von Linsmayer über Barth trägt den Titel «Dieser Mann hat 1933–1945 die Ehre der Schweiz gerettet!».

---

[1] Zitiert nach E. Busch, Karl Barths Lebenslauf, 327.
[2] Vgl. dazu E. Busch, Der Theologe Karl Barth und die Politik des Schweizer Bundesrates, 183–186.
[3] Charles Linsmayer, Der Bund, 4.10.2001.

6. Das Kirchengesetz von 1945 und die Entwicklungen in der Berner Kirche bis 1949

Als Markus Feldmann 1946 als Regierungsrat die Kirchendirektion übernahm, fand er eine neue rechtliche Situation vor. 1945 war vom Bernervolk ein neues Kirchengesetz angenommen worden, und 1946 stimmte das Kirchenvolk einer Kirchenverfassung zu. Feldmann nahm sich damals vor, das neue Gesetz «richtig einzuspielen».[1]

Im Kanton Bern war in der Regenerationsverfassung von 1831 der Grundsatz der Glaubens- und Gewissensfreiheit festgehalten worden. Damals wurde neben der reformierten Kirche auch die katholische Kirche als Landeskirche anerkannt. Ihre neuen Ordnungen erhielten die bernischen Kirchen durch das Kirchengesetz von 1874.[2] Seither gibt es im Kanton Bern kein Staatskirchentum mehr, sondern bloss noch die Kirchenhoheit des Staates.[3] Das Kirchengesetz von 1874 ordnet die Beziehung von Kirche und Staat nach der Unterscheidung von inneren und äusseren Angelegenheiten. Die Synode ordnet die inneren Angelegenheiten der Kirche selbstständig. Für die äusseren Angelegenheiten, für welche der Staat zuständig ist, hat sie ein Vorberatungsrecht.[4] In der Staatsverfassung von 1893 wurde diese Unterscheidung ebenfalls gemacht. Das Kirchengesetz von 1945 hat sie näher umschrieben.

Für dieses Gesetz hatte die Synode einen Entwurf ausgearbeitet, der aber in der zweiten Lesung des Grossen Rates stark abgeändert wurde.[5] Die Vertreter des «freien Christentums» zwangen dabei ihre Postulate,

---

1 Vgl. Referat Feldmanns vor der AG, 4.6.51 (Dossier Kirchendirektion).

2 Einen sehr schönen Überblick über die Entwicklung des Verhältnisses von Kirche und Staat im 19. und 20. Jahrhundert gibt: R. Dellsperger, Kirche – Gewissen des Staates?, 146–183.

3 Vgl. Guggisberg, a.a.O., 25 und E. Blum, Unabhängigkeit der Kirche vom Staat, 142f.

4 Vgl. F. Balmer, Die Stellung der evangelisch-reformierten Landeskirche im Rahmen der bernischen Staatsverfassung, 43.

5 Vgl. H. Stoll, Diskussion um das Bernische Kirchengesetz von 1945, 37 und Dellsperger, a.a.O., 173–177.

die in den Synodeverhandlungen weitgehend abgelehnt worden waren, der Kirche durch die staatlichen Instanzen auf.[1]

Darauf beschloss die AG, das Gesetz in der Volksabstimmung abzulehnen. Der Staat wurde beschuldigt, sich in die inneren Angelegenheiten der Evangelisch-reformierten Landeskirche eingemischt zu haben.

In der Märznummer des Jahres 1945 der «Blätter vom Muristalden» nahmen die Gegner des Gesetzes (vorab Albert Schädelin und Seminardirektor Alfred Fankhauser) den Kampf auf. Sie kritisierten unter anderem am neuen Gesetz die Verweigerung des Ausländerstimmrechts, das fehlende Mitspracherecht der Kirche bei der Wahl von Theologieprofessoren, die staatliche Garantie des Richtungsproporzes auf Gemeindeebene nach Artikel 16 (die kirchlichen Richtungen waren ihrer Meinung nach ein Notstand für die Kirche, der nicht noch durch den Staat gesetzlich verankert werden sollte) und vor allem Artikel 60, den so genannten Toleranzartikel.

Nach Artikel 60 bekennt sich die Evangelisch-reformierte Landeskirche zum Evangelium Jesu Christi gemäss den Grundsätzen der Reformation. In der zweiten Lesung des Grossen Rates wurde nun aber auf Veranlassung der Liberalen, die fürchteten, in der später durch die Synode zu erlassenden Kirchenordnung könnte daraus ein verpflichtendes Bekenntnis gemacht werden,[2] der Zusatz beigefügt: «dabei ist die Freiheit der Lehrmeinung auf reformierter Grundlage zu wahren.» Damit konnte nach Meinung der AG jeder diese Grundlage deuten, wie er wollte. Der erste Satz war so zu einem Scheinbekenntnis geworden. Hatte sich damit der Staat in die innere Angelegenheit der Kirche eingemischt? Auf jeden Fall sollte dieser Artikel noch ungeheuren Konfliktstoff für die Beziehung von Kirche und Staat im Kanton Bern liefern.

Am stärksten setzte sich im Abstimmungskampf die BGB für das Gesetz ein, allen voran der damalige Parteipräsident Markus Feldmann.[3] Das Gesetz wurde schliesslich am 6. Mai 1945 ganz knapp angenommen, wobei den Ausschlag zur Annahme die katholischen Bezirke gaben.[4]

---

[1] Vgl. A. Schädelin, Kirche und Staat im Kanton Bern, 24.
[2] Vgl. dazu Stoll, a.a.O., 51.
[3] Vgl. Stoll, a.a.O., 41.
[4] Vgl. Stoll, a.a.O., 42.

Erste Probleme in der Auslegung des Kirchengesetzes, die das Verhältnis von Kirche und Staat belasteten, ergaben sich in der Anwendung von Artikel 18, der bestimmt, wer über die Verwendung von kirchlichen Gebäuden zu nichtkirchlichen Zwecken verfügt.[1]

Die Schwierigkeiten begannen im Herbst 1946 mit der vom Münsterkirchgemeinderat aufgeworfenen Frage der Offiziersbrevetierungen im Berner Münster.[2] Der Synodalrat vertrat die Meinung, solche zu bewilligen oder zu unterlassen, liege nicht in seiner Kompetenz, sondern in derjenigen des betreffenden Kirchgemeinderates.[3]

Der Münsterkirchgemeinderat entschied, die Offiziersbrevetierungen im Münster zu verbieten. Er war aber bereit, das Münster auch künftig zu einem Gottesdienst nach den Brevetierungen zur Verfügung zu stellen. Der militärische Akt der Brevetierung sollte aber nicht mehr im Münster stattfinden und religiös überhöht werden.[4] Die bernischen Pfarrer leisteten ihren Amtseid auch nicht in einer Kirche, wurde argumentiert, sondern in einem Raum der Kirchendirektion, wo ihnen der Kirchendirektor eine Bibel übergebe. Deshalb sollten die jungen Offiziere ihren Dolch auch nicht ausgerechnet in einer Kirche erhalten.[5]

Von den Behörden und in weiten Teilen der Bevölkerung wurde dieser Beschluss als anstössig und antimilitaristisch empfunden.[6] Auch die Kirchendirektion beschäftigte sich intensiv mit dieser Angelegenheit. Feldmann ersuchte das Eidgenössische Militärdepartement um eine allgemeine Regelung der Brevetierungsfeiern.[7]

Der Militärdirektion des Kantons Bern teilte Feldmann mit, dass der Münsterkirchgemeinderat rechtlich korrekt gehandelt habe. Nach Artikel 60 des Gemeindegesetzes und Artikel 18 des Kirchengesetzes habe der

---

1 Vgl. Feldmanns Stellungnahme vor dem Grossen Rat, Tagblatt des Grossen Rates, 13.9.50, 463.

2 Vgl. Referat Feldmanns vor der AG, 4.6.51.

3 Vgl. Guggisberg, a.a.O., 50.

4 Vgl. Berner Tagblatt, 13.10.50.

5 Vgl. dazu die Ausführungen von Pfr. M. Schild in der Volks-Zeitung vom 7.8.50.

6 Vgl. Neue Berner Zeitung, 14.10.50 und Schädelin, a.a.O., 16.

7 Vgl. Briefe Feldmanns an Bundesrat Dr. K. Kobelt (Dossier Kirchendirektion).

Kirchgemeinderat über die Benützung der Kirchengebäude zu ausserkirchlichen Zwecken zu entscheiden.[1] Dennoch wertete Feldmann später den Beschluss des Münsterkirchgemeinderates als «Kampfansage» und «Distanznahme» gegenüber dem Staat.[2]

In verschiedenen Zeitungen wurde auf den Entscheid bis in die 50er Jahre mit gehässigen Kommentaren reagiert. So wurde etwa in der «Neuen Berner Zeitung» gefragt, wo das denn noch hinführe, wenn die jungen Offiziere, die bereit seien, ihr Leben für unsere Freiheit einzusetzen, bei ihrer Beförderung nicht einmal mehr die «Weihe» empfangen dürften.[3] Feldmann beklagte sich darüber, dass die Behörden vom Münsterkirchgemeinderat einfach vor nackte Tatsachen gestellt worden seien, ohne dass vorher Verhandlungen stattgefunden hätten.[4] Schädelin stellte dagegen fest, dass der Münsterkirchgemeinderat «sich nicht vorgängig seiner Beschlüsse des Einverständnisses der militärischen respektive der zivilen Behörden» versichern konnte, «wenn er selber von der sachlichen Richtigkeit derselben überzeugt war»[5]. Die staatlichen Instanzen waren nach Schädelin offensichtlich erstaunt, dass es der Kirchgemeinderat wagte, auf Grund des ihm vom Staat eingeräumten Rechtes nach kirchlichen Prinzipien zu entscheiden und sich nicht nach den staatlichen Wünschen zu richten.

Weitere Auseinandersetzungen ergaben sich im Mai 1948, als die eidgenössische Verfassungsfeier im Münster abgehalten werden sollte. Pfr. Walter Lüthi war der Meinung, ein Staatsakt gehöre nicht in die Kirche. Feldmann deutete dies als «Aggressivität» gegenüber dem Staat.[6]

---

[1] Brief Feldmanns an die Militärdirektion des Kantons Bern, 1.5.50 (Dossier Kirchendirektion).

[2] Referat Feldmanns vor der AG, 4.6.51.

[3] Neue Berner Zeitung, 18.9.50.

[4] Vgl. Die Ausführungen Feldmanns vor dem Grossen Rat, Tagblatt des Grossen Rates, 13.9.50, 463.

[5] Schädelin, a.a.O., 16.

[6] Referat Feldmanns vor der AG, 4.6.51 (Dossier Kirchendirektion).

7. Der Berner Kirchenstreit von 1949–1951

7.1 Der Eklat nach der Dezembersynode 1949

Am 7. Dezember 1949 teilte Kirchendirektor Markus Feldmann dem damaligen Präsidenten der Kirchensynode der Evangelisch-reformierten Landeskirche Prof. Dr. A. Debrunner mit, dass sich die Kirchendirektion bis auf weiteres darauf beschränken werde, «die am 6. Dezember 1949 bei ihr hängigen und die laufenden, von den Kirchgemeinden vorgelegten Geschäfte sowie allfällige Rekurse zu behandeln, unter grundsätzlicher Ablehnung jeder Inanspruchnahme des Staates durch neue kirchliche Begehren und Anliegen.»[1] Die Kirchendirektion sollte also vorläufig mehr oder weniger geschlossen werden.

Feldmann gab weiter bekannt, dass er in Zukunft an den Verhandlungen der Kirchensynode nicht mehr anwesend sein werde. Begründet wurden diese für die Geschichte der Berner Kirche einmaligen Beschlüsse mit zwei Vorfällen an der Kirchensynode vom 6. Dezember 1949. Synodepräsident Debrunner hatte den üblichen Gruss an den Kirchendirektor zu Beginn der Synode unterlassen, was dieser als «geringschätzige Einstellung gegenüber dem Staat» verstand.[2] Im Übrigen hielt Fritz Leuenberger, Pfarrer in Dürrenast bei Thun, eine biblische Ansprache über Hebräer 13,12–14, welche Feldmann als «unverhüllte Absage an Staat und Volksgemeinschaft» und als «unmissverständliche Kampfansage» empfand.[3]

Mit diesem Brief an Debrunner eröffnete Feldmann den Berner Kirchenstreit, der bis Ende 1951 dauern sollte.

Debrunner entschuldigte sich umgehend bei Feldmann und versicherte diesem, dass er ihn aus reiner Vergesslichkeit nicht begrüsst habe und dass dahinter bestimmt keine staatsfeindliche Absicht gestanden habe.[4]

---

[1] Brief Feldmanns an Debrunner, 7.12.49.
[2] Feldmann, a.a.O.
[3] Feldmann, a.a.O.
[4] Brief Debrunners an Feldmann vom 9.12.49. Prof. Debrunner hatte um eine «Audienz» ersucht, was Feldmann aber abgelehnt hatte. Vgl. dazu Feldmann, Tagebuch, 8.12.49.

Auch der Synodalrat wandte sich an Feldmann und forderte diesen auf, die Kirchendirektion allenfalls doch erst nach einer gegenseitigen Besprechung zu schliessen. Wegen seiner Kritik an Leuenbergers Ansprache verwies der Synodalrat Feldmann auf die Freiheit der Wortverkündigung nach Artikel 60 und 113 des Kirchengesetzes von 1945 und auf Artikel 2 und 29 der Kirchenverfassung von 1946.[1]

In seiner Andacht[2] hatte Leuenberger festgehalten, dass der Christ sich weder die bürgerliche noch die marxistische Ideologie zu eigen mache dürfe. Die Kirche dürfe, wenn sie ihren Dienst am Volk ausrichten wolle, nicht dort stehen, wo es sich das Volk «behaglich und gemütlich eingerichtet» habe.[3] Die Kirche habe als einzigen Grund Jesus Christus und habe ihren Ort nicht mitten im Volk, sondern draussen vor dem Tor. Wie Christus seinem Volk müsse auch die rechte Kirche ihrem Volk vielleicht eines Tages «unbequem und ärgerlich» werden.[4] Die Kirche habe eine ewige Sache zu vertreten und dürfe nicht zu einem «blossen Bestandteil» des Volkes herabsinken.[5] Wo auch immer die Kirche sich befinde, ob auf «bernischem oder auf amerikanischem Boden, im russischen oder im deutschen Volk»[6], sie befinde sich immer in einer vorübergehenden Situation und dürfe sich «nicht gefangen nehmen lassen durch das, was rings um sie» sei.[7] Die Kirche müsse dabei auch in Kauf nehmen, dass die Stimmen der massgebenden Leute und «Volksmänner» sich gegen sie richteten.[8]

Diese Andacht hatte einen längeren Briefwechsel zwischen Feldmann und Leuenberger zur Folge. Nachdem Leuenberger Feldmanns Inter-

---

[1] Brief des Synodalrates an Feldmann vom 15.12.49 (Synodalratsarchiv).

[2] F. Leuenberger, Biblische Ansprache über Hebr. 13,12–14, abgedruckt in: Verhandlungen der Kirchensynode vom 6.12.49, 4–9; gekürzte Wiedergabe in: KBRS, 20.9.51, 289f.

[3] Leuenberger, a.a.O., 6.

[4] Leuenberger, a.a.O., 6.

[5] Leuenberger, a.a.O., 9.

[6] Leuenberger, a.a.O., 8.

[7] Leuenberger, a.a.O., 9.

[8] Leuenberger, a.a.O., 6.

pretation der Andacht als fatales Missverständnis zurückgewiesen hatte[1], antwortete dieser, dass es ein absoluter «historischer Widersinn» sei, das Berner Volk mit dem Volk Jerusalems der Zeit Jesu zu vergleichen.[2] Es könne für die Kirche nicht gleichgültig sein, in welchem Volk oder Staat sie zu wirken habe, ob in einer Demokratie oder in einem kommunistischen Staat. Eine Kirche, welche sich als «Pilger und Fremdling» unter den «Ansässigen» verstehe, trenne sich vom Volk und damit in einem demokratischen Staat auch von dessen verfassungsmässigen Grundlagen. Die bernische Landeskirche habe Rechte und Aufgaben, welche in der Staatsverfassung, im Kirchengesetz und in der Kirchenverfassung festgelegt seien. Wenn sich die Kirche ihrer Verbindungen mit dem Volk schäme, müssten die notwendigen Konsequenzen gezogen und Kirche und Staat getrennt werden. Leuenbergers Kirchenbegriff sei völlig abstrakt und entspreche demjenigen einer Freikirche. Die Kirche habe bei ihren gegenwärtigen inneren Spannungen und Gegensätzen keine Legitimation für ein «prätentiöses Auftreten» gegenüber Volk und Staat. Ob denn die «ewige Sache», die sie zu vertreten habe, diejenige Barths oder diejenige der liberalen Theologen sei, fragte er Leuenberger.

Dieser antwortete, dass die Kirche allein von der Realität und Wahrheit Jesu Christi lebe. Der Auftrag der Kirche stehe «über und ausserhalb aller menschlichen Relativitäten»[3]. Die Kirche habe der Welt gegenüber das «ganz Andere» zu vertreten, auch gegenüber einer Politik, die sich auf das Wort Gottes bloss «für ihre eigenen Zwecke berufen möchte».[4] Die Legitimation der Kirche, den Anspruch zu erheben, ein «Absolutes und Bleibendes» zu verkünden, liege im Glauben an Jesus Christus, der nach Joh. 14,6 die Wahrheit sei. Der Staat brauche die Kirche, damit sie ihm «jene Normen und absolut Werte» verkündige, die der Staat aus sich selber nicht haben könne. Wenn der Staat nicht mehr das kritische und

---

[1] Vgl. Brief Leuenbergers an Feldmann vom 14.12.49 (Dossier Kirchendirektion).
[2] Vgl. im Folgenden: Brief Feldmanns an Leuenberger vom 17.1.50 (Dossier Kirchendirektion).
[3] Vgl. im Folgenden Brief Leuenbergers an Feldmann vom 1.1.50 (Dossier Kirchendirektion).
[4] Leuenberger, a.a.O.; Leuenberger berief sich dabei auf den Juristen W. Kägi. Vgl. dazu W. Kägi, Die Verfassung als rechtliche Grundordnung des Staates.

unabhängige Wort des Evangeliums zu vernehmen bereit sei, bestehe die Gefahr, dass er sich selbst «vergotte». Er verneine den Staat keineswegs. Das christliche Gewissen könne aber nie durch das staatliche Gesetz gebunden werden.

Feldmann konterte, dass nicht die Kirche über «allgemein anerkannte Normen und Massstäbe menschlichen Verhaltens» verfüge, sondern gerade der Staat, dessen Norm die Gerechtigkeit sei. Die Zerrissenheit der gegenwärtigen protestantischen Kirche und Theologie sei der beste Beweis dafür, dass die Kirche keinen «absoluten Anspruch» erheben dürfe.[1] Zwar gelte für die Kirche die Verkündigungsfreiheit. Die Verkündigung dürfe sich aber nicht gegen die Interessen des Staates und des Volkes richten. Die kirchliche Verkündigung und das Handeln der Kirche müssten dem Willen und Bedürfnis des Volkes entsprechen. Die Kirche habe sich zum Beispiel für die Landesverteidigung einzusetzen, «nicht nur für die militärische, sondern auch für die geistige».[2] Wolle die Kirche in ihrer Kritik wirklich ernst genommen werden, so habe sie eine sorgfältige Beweisführung zu liefern. Jedenfalls entbehre «jede konstruktive kirchliche Kritik in staatlichen und öffentlichen Fragen solange der notwendigen Durchschlagskraft, als Kirche und Theologie an wesentlichen Ergebnissen der Rechtswissenschaft, der Soziologie, der Psychologie, der Philosophie und der Geschichte» vorbeigingen.[3] Gewisse Äusserungen dialektischer Theologen gegenüber Volk und Staat seien als «politischer und sozialer Dilettantismus», als «Demagogie und Oberflächlichkeit» und als «selbstgefälliges und selbstüberhebliches Pharisäertum» zu beurteilen.[4]

Es ist offensichtlich, dass hier zwei ganz verschiedene Ansichten, was unter dem Christentum zu verstehen sei, aufeinander gestossen sind. Dennoch können die von Feldmann genannten Gründe höchstens auslösende Funktion gehabt haben, dass es nach der Synode zu einem derartigen Eklat kam. Feldmann führte später selber aus, dass die wirklichen Probleme, die das Verhältnis von Kirche und Staat im Kanton Bern belasteten, älteren Datums waren und sich schon lange vorher angebahnt

---

[1] Brief Feldmanns an Leuenberger vom 3.5.50 (Dossier Kirchendirektion).
[2] Brief Feldmanns an Leuenberger vom 17.1.50 (Dossier Kirchendirektion).
[3] Brief Feldmanns an Leuenberger vom 3.5.50 (Dossier Kirchendirektion).
[4] Feldmann, a.a.O.

hatten.[1] Damit meinte er die Auseinandersetzungen um das Kirchengesetz von 1945, die Beschlüsse des Kirchgemeinderates der Münstergemeinde und vor allem die Haltung Karl Barths im Ost-West-Konflikt.[2]

7.2 Die Angriffe von Regierungsrat Feldmann vor dem Grossen Rat gegenüber der Evangelisch-reformierten Landeskirche

Nach dem Eklat nach der Dezembersynode von 1949 äusserte sich Regierungsrat Feldmann erstmals öffentlich im Verwaltungsbericht der Kirchendirektion für das Jahr 1949 zur Evangelisch-reformierten Landeskirche.[3] Darin hielt er fest, dass die Behandlung der Geschäfte, die die reformierte Landeskirche betrafen, immer schwieriger geworden sei. Verschiedene Äusserungen angesehener Kirchenleute auch ausserkantonaler Kirchen über die «Volksdemokratien» deuteten darauf hin, dass «in gewissen kirchlichen Kreisen wenig Interesse an unserer demokratischen Staatsform» bestehe. So habe sich die Frage gestellt, «ob die Beibehaltung unseres Systems der Staatskirchenhoheit überhaupt noch einen Sinn habe». Verhandlungen mit dem Synodalrat über verschiedene Fragen seien unbedingt notwendig. Immerhin lasse sich schon jetzt feststellen, «dass mit einem Verlassen unseres Systems der Staatskirchenhoheit nicht zu rechnen» sei.[4]

Dieser für bernische Verhältnisse provokative Verwaltungsbericht kam am 13. September 1950 vor dem Grossen Rat zur Behandlung.[5] Grossrat Studer dankte Feldmann für seine «feste, ja eiserne Hand» gegenüber den Pfarrherren und Professoren, die hinter den eisernen Vorhang reisten und zurückkämen und erklärten, dass die Leute «hinter dem

---

[1] Vgl. Tagblatt des Grossen Rates, 13.9.50, 58 und Referat Feldmanns vor der AG, 4.6.51 (Dossier Kirchendirektion).

[2] Siehe S. 74ff.

[3] Abgedruckt in: Kirche und Staat im Kanton Bern. Dokumente zur Orientierung des Grossen Rates als Beitrag zur Diskussion, 11.

[4] Kirche und Staat im Kanton Bern, 11.

[5] Vgl. Tagblatt des Grossen Rates, 13.9.50, 460–466, teilweise abgedruckt in: Kirche und Staat im Kanton Bern, 12–18 und K. Barth, Offene Briefe 1945–68, 217–223.

eisernen Vorhang ebenso glücklich seien wie hinter dem goldenen Vorhang»[1], was von keinem der Theologen – gemeint sind Karl Barth, Eduard Thurneysen und Walter Lüthi – jemals gesagt worden war. Grossrat Lehmann bedauerte, dass der Verwaltungsbericht von verschiedenen Journalisten dazu benützt worden sei, der reformierten Landeskirche und einzelnen Theologen «eins auszuwischen».[2]

Feldmann nahm daraufhin ausführlich vor dem Grossen Rat zu seinem Verwaltungsbericht Stellung. Er beklagte sich darüber, dass der Münsterkirchgemeinderat mit seinen Beschlüssen betreffend Offiziersbrevetierungen und Trauergottesdienste und der schroffen Art und Weise, wie diese Beschlüsse dem Staat mitgeteilt worden seien, offensichtlich den Gegensatz zwischen Staat und Kirche betonen wolle.[3]

Der Münsterkirchgemeinderat hatte einstimmig beschlossen, dass bei Bestattungsfeiern der Sarg jeweils nicht im Münster aufgestellt werden sollte. Die Beisetzung des Sarges sollte der Feier in der Kirche vorangehen. Dabei stützte sich der Rat auf ein synodalrätliches Kreisschreiben vom März 1938, wonach bei einer kirchlichen Trauerfeier die Botschaft des Evangeliums und nicht der Tote im Mittelpunkt stehen sollte.

Der Beschluss des Münsterkirchgemeinderates wurde in der Öffentlichkeit sehr kritisiert, worauf sich die liberalen Vertreter im Kirchgemeinderat, die zuvor auch zugestimmt hatten, vom Beschluss distanzierten.[4] Auch Feldmann wertete diesen Beschluss als erneute «Distanz» gegenüber dem Staat.[5]

Im Herbst 1950 zeigte sich dann bei den Erneuerungswahlen des Münsterkirchgemeinderates, dass die Mehrheit der Mitglieder der Münstergemeinde die Entscheide des Kirchgemeinderates billigte. Die bisheri-

---

1 Vgl. Tagblatt des Grossen Rates, a.a.O., 460.
2 Vgl. Tagblatt des Grossen Rates, a.a.O., 461. Ich werde später auf die Reaktionen in der Presse eingehen. Vgl. S. 60ff.
3 Tagblatt des Grossen Rates, a.a.O.,463.
4 Vgl. dazu Berner Tagblatt, 13.10.50.
5 1958 wurde dieser Beschluss anlässlich der Trauerfeier von Bundesrat Feldmann durchbrochen, als die politischen Behörden verlangten, der Sarg müsse im Münster zum Staatsbegräbnis aufgebahrt werden. Vgl. dazu Guggisberg, a.a.O., 204.

gen Amtsinhaber wurden bestätigt, so dass die Liberalen auch weiterhin im Kirchgemeinderat in der Minderheit blieben.[1]

Vor allem Münsterpfarrer Lüthi wurde von Feldmann vor dem Grossen Rat in scharfer Form angegriffen. Zuerst las Feldmann Teile aus einer Predigt von Walter Lüthi vor,[2] in welcher Lüthi die Verordnung der Bundesbehörden kritisiert hatte, Notvorräte anzulegen, da dies als «regelrechte Kriegsmassnahme» zu bewerten sei. Lüthi folgerte daraus, dass die Bundesbehörden offensichtlich mit einem neuen Krieg rechneten und nicht mehr an den Frieden glaubten. Damit werde die Kriegsstimmung unter den Völkern vermehrt. Überall wo die Nachricht bekannt geworden sei, sei auch entsprechend schockartig reagiert worden.[3] Zwar sei kein vernünftiger Mensch gegen Notvorräte, aber im jetzigen Zeitpunkt habe diese Massnahme eine «ungewollte Stimmungsmache für den dritten Weltkrieg» zur Folge gehabt. Man müsse sich schämen, dass ausgerechnet die Schweiz, welche vom Krieg verschont geblieben sei, bereits wieder um ihre «Haut» besorgt sei, während die anderen Völker noch unter den Folgen des letzten Krieges litten.

Feldmann machte sich vor dem Grossen Rat über diese Predigt lustig. Dies sei nun eben die Art und Weise, wie Theologen heute ihre dialektischen Diskussionen führten, meinte er. Zwar sei es nach Lüthi «vernünftig», Notvorräte anzulegen, aber dann doch nicht recht. Feldmann empfand Lüthis Kritik den Behörden gegenüber als «ungerecht und lieblos», nicht aufbauend, sondern «verständnislos».[4] Feldmann fügte bei, dass am gleichen Sonntag, an welchem die Predigt gehalten worden sei, in Korea der Krieg ausgebrochen sei. Sicher sei der Krieg nicht ausgebrochen, weil das Schweizervolk mit seinen Notvorräten die Kriegsstimmung in der Welt geschürt habe. In Zukunft werde man nicht darum herum kommen, auf solche Äusserungen, welche die Stellung der Landeskirche im Volk sicher nicht festigten, in aller Öffentlichkeit zu reagieren. Dort, wo die Kirche sich politisch äussere, unterstelle sie sich in

---

1 Vgl. Der Bund, 18.10.50, vgl. auch Schädelin, a.a.O., 16.

2 Vgl. W. Lüthi, Wer glaubt jetzt an den Frieden? Predigt über Joh. 14,27 gehalten am 25.6.50 im Berner Münster, abgedruckt in: Basler Predigten, Nr. 3, Juli 50.

3 Vgl. dazu Volks-Zeitung Spiez, 6.10.50.

4 Vgl. Tagblatt des Grossen Rates, a.a.O., 463.

einer Demokratie dem Grundsatz der freien Diskussion, was allerdings auch von den dialektischen Theologen nicht bestritten wurde.[1]

In seiner Kritik beurteilte Feldmann Lüthis Predigt nicht als Ganzes, sondern er achtete bloss auf einzelne politische Äusserungen und riss diese aus dem Zusammenhang. Lüthi hatte in seiner Predigt der zwiespältigen Empfindung Ausdruck geben wollen, die einen nachdenklichen Schweizer bei der Erfüllung der bundesrätlichen Verordnung befallen konnte. Die Massnahme konnte zwar innenpolitisch richtig sein. Sie konnte aber aussenpolitisch negative Folgen haben.[2] Das Zerrbild dieser Predigt wurde im Grossen Rat entsprechend kritisiert und in der Presse kommentiert.[3]

Dass Feldmann gerade Walter Lüthi öffentlich angriff, war nicht zufällig. Gegenüber dem Synodalrat führte Feldmann später aus, dass vor allem Lüthi den Unmut der Behörden immer wieder auf sich ziehe. Offensichtlich sei es dessen Vorliebe, die Behörden zu attackieren.[4]

Feldmann führte zudem über die «richtungspolitischen Auseinandersetzungen» innerhalb der Evangelisch-reformierten Landeskirche vor dem Grossen Rat aus, dass gegenwärtig vor allem eine Auseinandersetzung zwischen der liberalen und der dialektischen Theologie stattfinde. Die positive Richtung sei nicht zu der dialektischen Richtung zu zählen, so dass die dialektischen Theologen diese zur Begründung ihrer Machtansprüche nicht für sich in Anspruch nehmen könnten.[5] Die dialektische Theologie stellte er den Mitgliedern des Grossen Rates als «Offenbarungstheologie» vor, die weitgehend auf einer autoritativen Auslegung des biblischen Wortes aufgebaut sei. Die liberale Theologie dagegen nehme auch der Bibel gegenüber freie Kritik in Anspruch. Vom Staate aus könne man die theologischen Richtungs- und Meinungsverschiedenheiten eigentlich «auf sich beruhen lassen». Die Vertreter der dialektischen Theologie und zwar die «extremen Dialektiker» gingen nun aber dazu über, den anderen Richtungen ihren Willen aufzuzwingen. Sie seien

---

[1] Vgl. dazu Schädelin, a.a.O., 11.

[2] Vgl. dazu Schädelin, a.a.O., 11.

[3] Vgl. dazu Schädelin, a.a.O., 12.

[4] Vgl. Protokoll der Verhandlungen zwischen dem Synodalrat und einer Abordnung des Regierungsrates, 28.11.50 (Dossier Kirchendirektion).

[5] Vgl. Tagblatt des Grossen Rates, a.a.O., 464.

autoritär und beanspruchten für sich das alleinige Recht zu erklären, was reformierte Theologie sei, wer zur Kirche gehöre und wer nicht. Eine Richtung, welche einen solchen «Macht- und Herrschaftsanspruch» stelle, gerate in Widerspruch zu Artikel 60 des Kirchengesetzes.[1] Dazu zitierte Feldmann den früheren Kirchendirektor Hugo Dürrenmatt, der in seinem Kommentar zum Kirchengesetz festgehalten hatte, dass die reformierte Kirche «kein allgemein verpflichtendes Glaubensbekenntnis» besitze und «die Lehrmeinung in religiösen Dingen nicht allgemein verpflichtend von irgend einer kirchlichen Instanz vorgeschrieben werden» dürfe. Die Zugehörigkeit zur Landeskirche dürfe von keiner bestimmten Glaubensrichtung abhängig gemacht werden. Ohne diesen Grundsatz würde beispielsweise «den Anhängern des freien Christentums» die Zugehörigkeit zur Landeskirche unmöglich gemacht.[2]

Nach Feldmann gerieten auf Grund der gesetzlichen Grundlagen die Vertreter der dialektischen Theologie in Konflikt mit dem Staat, so dass der Staat sich gegen diese zu widersetzen habe.[3] Eigentlichen Anlass zum Bericht der Kirchendirektion gaben aber nach Feldmann die «betont wohlwollende Neutralität» dialektischer Theologen gegenüber dem Kommunismus und das «betonte Desinteressement [sic]» gegenüber den «freiheitlich-demokratischen Grundlagen unseres Staates».[4]

So sei es denn nicht zufällig, dass die «auffallende Verbeugung», die Prof. Karl Barth am 6. Februar 1949 im Berner Münster vor Stalin gemacht habe, in der kommunistischen Presse so positiv aufgenommen worden sei, ebenso die Andacht an der Dezembersynode 1949.[5] Die

---

[1] Tagblatt des Grossen Rates, a.a.O., 464.
[2] Dürrenmatt, Gesetz über die Organisation des Kirchenwesens, 55f.
[3] Tagblatt des Grossen Rates, a.a.O., 465.
[4] Tagblatt des Grossen Rates, a.a.O., 465.
[5] Vgl. Vorwärts, 26.7.50 und 4.8.50. Unter dem Titel «Herr Feldmann ist über die evangelisch-reformierte Kirche von Bern erbost» wurde berichtet, dass die evangelisch-reformierte Kirche und ihre Wortführer wie Karl Barth sich von der imperialistischen Hetze gegen die Sowjetunion und die Volksdemokratien distanzierten. Sie gedächten nicht die Kirche mit «dem Ausbeutersystem der Kapitalisten» zu verbinden, was natürlich dem «Scharfmacher Dr. Feldmann», der seit Jahren an der Spitze der «antibolschewistischen Hass- und Lügenpropaganda» stehe, nicht gefallen könne. Am 4.8.50 wurde unter

Kirchendirektion habe Klarheit darüber schaffen müssen, «wie unsere Evangelisch-reformierte Landeskirche zum demokratischen Staat Bern» stehe.[1] Die Kirchendirektion sei nicht bloss der «Briefkasten», um Gesuche für neue Pfarrstellen entgegenzunehmen. An dieser Stelle verwies Feldmann auf einen klärenden Briefwechsel, der mit dem Synodalrat nach der Dezembersynode begonnen worden sei.[2]

7.3 Die Reaktionen in der Presse

Im Allgemeinen ist in der Presse über den Verwaltungsbericht von Regierungsrat Feldmann und die Grossratsdebatte rein informativ berichtet worden. In den Kommentaren wurde Feldmann meist für seinen «Weitblick» und seine «Festigkeit» gedankt, da in einem Moment der «innen- und aussenpolitischen Gefährdung doch sämtliche nationalen Kräfte vereinigt werden» sollten und nicht durch die Predigten gewisser Pfarrherren «untergraben» werden dürften.[3] Zudem wurde begrüsst, dass Feldmann dem «Staatsnegativismus» der Vertreter der dialektischen Theologie entgegengetreten sei und von der reformierten Kirche eine positive Einstellung zu den Grundlagen des demokratischen Staates forderte.[4] Gerade von den Pfarrern als «Staatsbeamten» erwarte man eine positive Haltung zum Staat. Vor allem dürfe kein Kommunist beim Staat angestellt sein.[5]

Der Berner «Bund» berichtete, dass der «Verein für freies Christentum» eine Resolution verfasst habe, in welcher dieser mit Genugtuung von der Kirchendebatte im Grossen Rat Kenntnis genommen habe und

---

dem Titel «Eine ketzerische biblische Andacht» begrüsst, dass die bernische Landeskirche, die zwar noch nicht auf der Seite einer neuen sozialistischen Ordnung stehe, mit dieser Andacht dokumentiert habe, dass sie nicht gewillt sei, sich der schweizerischen «Gelddemokratie» mit Haut und Haaren zu verschreiben, was natürlich den «Kommunistenfresser» Feldmann beunruhige.

[1] Tagblatt des Grossen Rates a.a.O., 465.
[2] Die Ausführungen Feldmanns wurden vom Grossen Rat unter grossem Beifall einstimmig genehmigt.
[3] Neue Berner Zeitung, 18.9.50.
[4] NZZ, 7.1.51.
[5] Grenchener Tagblatt, 14.10.50.

dem Kirchendirektor für seine «Klarstellung» und seine «überparteiliche Haltung» sein volles Vertrauen ausspreche.[1] Polemisch wurde mit den dialektischen Theologen in den «Glarner Nachrichten» verfahren, wo diese als «Grünschnäbel» mit deutlichen Anzeichen von «kryptokommunistischer Ansteckung» bezeichnet wurden. Sie hätten es jetzt aber mit einem der besten Kämpfer gegen den Kommunismus, mit Markus Feldmann, zu tun bekommen, wurde vermerkt.[2]

In der katholischen «Kirchen-Zeitung» wurde Karl Barth verleumdet, sich schon mehr als einmal als «wendig» gezeigt zu haben. Anfänglich habe er sich im «Hitler-Deutschland» beim Nationalsozialismus «angebiedert» und sich dann, als ihm «der Boden zu heiss» geworden sei, in die sichere Schweiz verzogen. Heute nun liebäugelten die «Barthianer» mit den «Volksdemokratien» und wollten die Kirche entstaatlichen und «spiritualisieren». Doch wären sie sicher alle wieder «staatsfromm», wenn die Pfarrgehälter in Frage gestellt würden.[3] Dieser Artikel wurde von Grossrat Lehmann im Grossen Rat kritisiert und in aller Form zurückgewiesen.[4]

Vor allem in Leserbriefen wurden auch die angegriffenen Pfarrer und Karl Barth verteidigt. Bereits vor der Grossratsdebatte erschien in der «Volks-Zeitung» von Spiez ein längerer Artikel von Pfr. M. Schild, der feststellte, dass gewisse Kreise es an Anstand und Sachlichkeit fehlen liessen, so dass ihnen «kein Mittel der Demagogie» schlecht genug sei. Die Methoden erinnerten stark an diejenigen totalitärer Staaten, in denen auch in perfider Weise Tatsachen verdreht würden. Von einer staatsfeindlichen Einstellung der von Karl Barth beeinflussten Theologen könne keine Rede sein. Für den Christen dürfe es aber keine bedingungslose Staatsverehrung geben.[5] In der «Gossauer Zeitung» war in einem Leserbrief zu lesen, dass es doch nicht angehe, Karl Barth politisch zu verdächtigen, nur weil er die Zukunft der Kirche nicht vom «Westblock»,

---

1 Der Bund, 2.10.50.
2 Glarner Nachrichten, 12.7.50.
3 Schweizerische Kirchen-Zeitung, 22.7.50.
4 Tagblatt des Grossen Rates, a.a.O., 461f.
5 Volks-Zeitung, 7.8.50.

sondern allein vom auferstandenen Herrn und seinem kommenden Reich abhängig mache.[1]

In verschiedenen Zeitungen wurde Walter Lüthi verteidigt und festgestellt, dass es in Bern sonst nicht Brauch sei, Predigten angesehener Theologen vor dem Grossen Rat zu zerzausen.[2] Es sei doch geradezu das Kennzeichen der echten biblischen Predigt, dass sie Anstoss errege. Auf jeden Fall habe die Grossratsdebatte dem Kirchenbesuch im Münster nicht geschadet.[3] In der Demokratie brauche es auch keine «eisernen Hände», die nicht diskutierten, sondern unterdrückten, wurde etwa geschrieben.[4] In der «Evangelischen Volkszeitung» wurde festgestellt, dass die Überwachung von Predigten an «Nazimethoden» erinnerte.[5] In den «Emmentaler Nachrichten» warnte ein Leserbriefschreiber davor, dass in der Schweiz künftig jeder sozial denkende Mensch sofort als kommunistenfreundlich angeprangert werde.[6] Aber es sei eben heute Kreuzzugsstimmung, schrieb ein Pfarrer im «Freien Volk» und da ertrügen es viele nicht mehr, dass es Pfarrer gebe, die sich vorbehielten, nicht nur den Bolschewismus zu verdammen, sondern auch das, was bei uns falsch gelaufen sei.[7] Erwartungsgemäss wurde in der kommunistischen Presse Feldmann nach der Grossratsdebatte für seinen Versuch, «die Landeskirche als Bannerträgerin des antikommunistischen Feldzuges zu installieren»[8] gerügt.

Die Auseinandersetzungen in der Berner Kirche hatten zwar schon eine gewisse Publizität erreicht. Aber verglichen mit dem Pressesturm, den Kirchendirektor Feldmann im Sommer 1951 auslösen sollte, war diese noch bescheiden.[9]

---

[1] Gossauer Zeitung, Flawil, 11.8.50.

[2] Vgl. dazu etwa Volks-Zeitung, 6.10.50.

[3] Wenn Pfr. Lüthi im Münster predigte, war das Münster immer voll besetzt.

[4] Vgl. Emmentaler Nachrichten, 27.9.50.

[5] Evangelische Volkszeitung, 15.9.50.

[6] Emmentaler Nachrichten, 6.10.50.

[7] Freies Volk, 6.10.50.

[8] Vorwärts, 16.9.50.

[9] Vgl. S. 101ff.

7.4 Die Reaktionen des Synodalrates und der Kirchensynode

Nach der Dezembersynode 1949 suchte der Synodalrat per Brief sofort das Gespräch mit Feldmann.[1] Dieser antwortete erst am 9. Februar 1950, indem er den Synodalrat fragte, ob die distanzierte Haltung Leuenbergers und Barths gegenüber der Demokratie von der Kirche geteilt werde. Eine solche Haltung sei auf jeden Fall mit der Stellung einer reformierten Landeskirche im «bernischen Volksstaat» nicht vereinbar, da die Landeskirche mit dem «politischen Schicksal» von Volk und Staat aufs engste verbunden sei. Deshalb müsse die staatliche Behörde die Haltung der Kirche jetzt überprüfen.[2] Die Kirche sollte also einer Loyalitätsprüfung unterzogen werden.

Am 8. März 1950 teilte der Synodalrat Feldmann über sein Verhältnis zum Staat mit: «Wir bejahen entschlossen und bewusst die in Staatsverfassung, Kirchengesetz und Kirchenverfassung getroffene Ordnung, wir wahren und schätzen die dort festgelegten Pflichten und Freiheiten und wir beachten die dort gezogenen Grenzen. Wir haben auch nicht im Sinne eine Änderung dieser gesetzlich festgelegten Ordnung anzustreben.»[3]

Nach dieser Erklärung nahm Regierungsrat Feldmann sein Amt als Kirchendirektor wieder auf.[4] Es wäre aber verfehlt anzunehmen, dass der Synodalrat mit dieser Erklärung klein beigegeben hätte. Im gleichen Brief vom 8. März wies der Synodalrat Feldmann mit Nachdruck nochmals auf die Freiheit der Verkündigung in Bezug auf die Andacht von Pfr. Leuenberger hin. Aus den Protokollen der Verhandlungen des Synodalrates ist ersichtlich, dass er gewillt war, den Herrschaftsanspruch Jesu Christi gegenüber den «Machtansprüchen von Politikern» zu verteidigen Der Synodalrat war sich auch einig, dass es nicht angehe «den

---

[1] Vgl. Brief des Synodalrates an Feldmann vom 15.12.49 (Dossier Kirchendirektion).

[2] Brief Feldmanns an den Synodalrat vom 9.2.50 (Dossier Kirchendirektion).

[3] Brief des Synodalrates an Feldmann vom 8.3.50 (Dossier Kirchendirektion).

[4] Vgl. Brief Feldmanns an den Synodalrat vom 3.5.50 (Dossier Kirchendirektion).

Groll der Politiker» durch Loyalitätserklärungen zu besänftigen, um augenblickliche Gewinne für die Kirche zu erreichen.[1]

An der Kirchensynode vom 6. Juni 1950 wurden die Spannungen zwischen der Kirchendirektion und der Kirche behandelt. In einer Interpellation des Synodalen Fr. Engler, die auch von Martin Werner unterzeichnet war, wurde der Synodalrat gefragt, ob er grundsätzlich am System der «Staatskirchenhoheit» festhalte, ob er eine «Lockerung der Bindung zwischen Kirche und Staat» anstrebe und ob sich der Synodalrat der Tendenzen bewusst sei, die eine Verselbständigung der Landeskirche zum Ziel hätten, die dem Staat «jede Einflussnahme auf das kirchliche Leben» entziehen wollten und daher zur Trennung von Kirche und Staat führen würden.[2] Der Interpellant erklärte, dass sich seine Interpellation gegen die Tendenzen der «neuen, kämpferischen Gruppe» richte, die sich allein als die «wahre Kirche» betrachte und die Idee der Toleranz innerhalb der Landeskirche zum Verschwinden bringen wolle und aus dieser eine vom Staat möglichst unabhängige Bekenntniskirche machen wolle.[3] Gemeint waren damit natürlich die dialektischen Theologen. Engler erwähnte in seinen Ausführungen auch die Andacht von Pfr. Leuenberger und die Beschlüsse des Münsterkirchgemeinderates, welche er als «Spiel mit dem Feuer» gegenüber Volk und Staat bezeichnete.[4]

Synodalratspräsident Zwicky beantwortete die Interpellation, indem er zunächst auf den Brief des Synodalrates vom 8. März an Kirchendirektor Feldmann verwies, in welchem der Synodalrat das Kirchengesetz bejaht habe.[5] Im Übrigen wies er auf den gleichen demokratischen Aufbau sowohl der Kirche als auch des Staates hin und auf die historischen Zusammenhänge zwischen reformiertem Protestantismus und freiheitlicher Staatsform. Die Evangelisch-reformierte Landeskirche sei eine der geistigen Grundlagen der Demokratie. Der Synodalrat sei sich auch bewusst, «welche hohen sittlichen Werte» das bernische Staatswesen ver-

---

1 Vgl. beispielsweise die Protokolle der Verhandlungen des Synodalrates vom 20.11.50 und 27.11.50 (Synodalratsarchiv).
2 Vgl. Verhandlungen der Kirchensynode, 6.6.50, 15f.
3 Verhandlungen der Kirchensynode, a.a.O., 21.
4 Verhandlungen der Kirchensynode, a.a.O., 23.
5 Vgl. S. 63.

wirkliche.[1] Sollten diese jemals bedroht werden, werde die Kirche nicht zögern, sich dafür zur Wehr zu setzen, versicherte Zwicky. Es ereigne sich also in keiner Weise eine Ablösung der Kirche vom Staat. Die Kirche sei sich bewusst, dass die staatlichen Aufgaben von Gott geboten seien. Einen Konflikt zwischen Kirche und Staat könne es nach Meinung des Synodalrates nur dann geben, wenn der Staat eine dem Evangelium widersprechende Weltanschauung oder Ideologie zu verbreiten und durchzusetzen versuche, was aber momentan nicht der Fall sei.[2] Zum Schluss gab Zwicky zu bedenken, dass Christus eine sichtbare und eine hörbare Kirche wolle, die «wenn nötig im Kampf mit den Mächten des Geldes» und der «ungerechten Gewalt» stehe.[3]

In der Diskussion erklärte Albert Schädelin, dass er den bernischen Staat stets bejaht habe. Die dialektischen Theologen hätten sich aber dagegen gewehrt, dass der Staat in die innere Ordnung der Kirche eingreife, was durch die zweite Lesung des Kirchengesetzes von 1945 im Grossen Rat geschehen sei. Dennoch akzeptierten sie heute das vom Volk angenommene Kirchengesetz. Das Verhältnis von Staat und Kirche müsse aber von beiden Seiten her immer ein kritisches sein. Die Kirche müsse wissen, dass sie nicht durch demokratische Abstimmung, sondern durch den Glauben bestehe.[4]

Martin Werner entgegnete, dass der Staat seinerzeit besser für die Kirche gesorgt habe, als sie es selbst für sich getan habe. Der Staat habe erkannt, dass man der Kirche keinen Dienst erweise, wenn man ihr ein Bekenntnis aufzwinge.[5] Die dialektischen Theologen müssten endlich den «Toleranzgedanken» bejahen, da seit der Reformation eine Entwicklung stattgefunden habe.

Die Synode stimmte schliesslich der Erklärung des Synodalrates einstimmig zu, was Feldmann als unzweifelhafte Grundlage für positive Lösungen wertete.[6] Später ärgerte sich Schädelin darüber, dass die Frak-

---

1 Verhandlungen der Kirchensynode, a.a.O., 33.
2 Verhandlungen der Kirchensynode, a.a.O., 34.
3 Verhandlungen der Kirchensynode, a.a.O., 35.
4 Verhandlungen der Kirchensynode, a.a.O., 38.
5 Vgl. S. 48. Durch den Zusatz in Artikel 60 des Kirchengesetzes war in der Berner Kirche kein verpflichtendes Bekenntnis mehr möglich.
6 Vgl. Tagblatt des Grossen Rates, a.a.O., 466.

tion der «Unabhängigen», obwohl sie der Erklärung des Synodalrates sachlich zustimmen konnte, sich nicht aus «Protest gegen das ganze misstrauische und erniedrigende Verfahren» der Stimme enthalten hatte.[1] Für Schädelin war es völlig unverständlich, dass man es für nötig halten konnte, den Synodalrat und die Synode «auf ihre Staatstreue und ihre demokratische Gesinnung hin zu durchleuchten, und jemand auch nur einen Augenblick darüber im Zweifel sein konnte, dass etwa ihre in dieser Sache in der Synode selbst provozierte Erklärung vom 6. Juni anders ausfallen werde, als sie dann auch tatsächlich ausgefallen»[2] sei.

Nach diesem Synodebeschluss war Feldmann bereit, mit dem Synodalrat die wichtigsten Fragen zu besprechen.[3] Am 28. November 1950 kam es zu einer ersten Konferenz zwischen dem Synodalrat und einer Abordnung des Regierungsrates unter dem Vorsitz von Feldmann.[4] Es sollte über «die Freiheit der kirchlichen Verkündigung» und die «Stellung der Kirche zur demokratischen Staatsordnung» diskutiert werden.

Zu Beginn der Konferenz hielt Synodalratspräsident Zwicky fest, dass die Predigt allein auf der heiligen Schrift gründen könne, was aber eine kritische Beurteilung der Hörer nicht ausschliesse. Für die Berner Kirche gelte als Grundlage der Berner Synodus von 1532, wonach die Pfarrer allein Jesus Christus zu predigen hätten. Selbst die gnädigen Herren zu Bern hätten darin in den einleitenden Bemerkungen festgehalten, dass sie von der daraus folgenden Kritik nicht ausgenommen werden sollten.[5] Der Synodalrat möchte den Pfarrern versichern können, dass niemand daran denke, die Freiheit der Verkündigung direkt oder indirekt zu beeinträchtigen, wie das im jetzigen Zeitpunkt befürchtet werde.

Feldmann entgegnete, dass er die Freiheit der Verkündigung in keiner Weise beeinträchtigen wolle. Der Berner Synodus von 1532 sei aber ein historisches Dokument und könne für das heutige Verhältnis von Kirche und Staat nicht mehr massgebend sein. Heute gelte das Kirchengesetz von 1945, mit welchem sich die dialektische Richtung bis heute nicht

---

[1] A. Schädelin, Kirche und Staat im Kanton Bern, 7.

[2] Schädelin, a.a.O., 6.

[3] Es fanden am 28.11.50, am 18.6.51 und am 7.9.51 Konferenzen statt. Für unseren Zusammenhang ist aber nur die erste von Interesse.

[4] Vgl. dazu das Protokoll vom 28.11.50 (Dossier der Kirchendirektion).

[5] Vgl. Berner Synodus, 40.

abgefunden habe.[1] Die Grundlagen des Staates dürften von der Kirche nicht tangiert werden. Solange der Staat die Kirche finanziere, müsse sich ihre Grundhaltung mit den Interessen des Staates decken. Die dialektischen Theologen relativierten aber die Demokratie und die Kultur, so dass sie von den Staatsfeinden (Kommunisten) zu deren Zwecken missbraucht werden könnten, meinte Feldmann. Als Präsident der auswärtigen Kommission des Nationalrates wisse er, dass eine sowjetrussische Invasion unter Umständen nahe bevorstehe. Da werde er es nicht mehr länger dulden, dass «unsere Soldaten von den Kanzeln verunglimpft» würden. Gerade Walter Lüthis und Karl Barths politische Äusserungen seien ein «Gstürm» und gegen die «primitivste Logik». Diese Theologen stünden zu wenig auf dem Boden der Wirklichkeit. Der Pfarrer bekleide ein öffentliches Amt und unterstehe damit der öffentlichen Kritik. Er könne es nicht verstehen, dass man die klare Haltung, die man gegenüber Deutschland gefordert habe, heute gegenüber dem Osten ablehne. Barths Neutralitätserklärung gegenüber dem Kommunismus sei äusserst gefährlich und werde entsprechend von der kommunistischen Presse ausgenutzt. Die Pfarrer hätten beim Volk das Zutrauen in die freiheitlichen Grundlagen des Staates zu fördern. Dazu brauche die Kirche eigenständige und selbst denkende Pfarrer. Deshalb störe ihn der «Personenkult» um Barth und die «blinde Gefolgschaft» vieler Berner Pfarrer hinter ihrem Führer.[2]

Vor allem Synodalrat Matter widersprach Feldmann zum Teil vehement. Die geschichtliche Situation hätte sich zwar seit dem Erscheinen des Berner Synodus verändert, nicht aber die Wahrheit des Evangeliums, um die es im Synodus gehe. Was Barth betreffe, möge Feldmann diesen

---

[1] Einige Pfarrer hatten im Namen der Theologischen Arbeitsgemeinschaft im KBRS vom 21.2.46 allerdings erklärt, dass sie das angenommene Gesetz in loyaler Weise respektierten. Sie hielten dabei einzig fest, dass sie den Versuchen des politisch-kirchlichen Freisinns, die Freiheit der Kirche einzuschränken, um sie seinen politisch-weltanschaulichen Zielen dienstbar machen zu können, entgegentreten würden.

[2] In der Tat waren einige Berner Pfarrer sehr von Barth abhängig, so dass dieser selbst sie verschiedentlich ermahnen musste, eigenständig Theologie zu treiben.

auf Grund seiner Schriften und nicht nach dem Bild der kommunistischen Presse beurteilen.

Synodalratspräsident Zwicky wies darauf hin, dass der Synodalrat und die Synode durch ihre Erklärung vom 6. Juni 1950 bewiesen hätten, dass sie die demokratischen staatlichen Grundlagen in aller Form bejahten. Er selber finde auch, dass die politischen Äusserungen Barths zum Teil falsch seien.

Vom Synodalrat wurde Feldmann versichert, dass er die Freiheit der politischen Diskussion auch gegenüber den Pfarrern und deren Predigten anerkenne. Feldmann versicherte seinerseits nochmals, dass er die Freiheit der kirchlichen Verkündigung nicht bestreite.

Feldmann und der Synodalrat gingen nun in recht gutem Einvernehmen auseinander. Der Konflikt mit den dialektischen Theologen war aber damit noch längst nicht behoben. Die Kirche hatte für Feldmann mit ihrer Erklärung vom 6. Juni ihre Loyalitätsprobe bestanden.[1] Zur Begegnung zwischen Feldmann und den dialektischen Theologen musste es aber noch kommen.

7.5 Die Reaktion der Theologischen Arbeitsgemeinschaft

Nachdem Pfr. Leuenberger wegen seiner Ansprache von Feldmann derart heftig angegriffen worden war, las er in der Theologischen Arbeitsgemeinschaft seine Andacht nochmals vor. Darauf stellte die AG fest, dass sie darin keine «Staatsfeindschaft» erblicken könne. Sie dankte ihrem Mitglied für die Andacht und stellte sich einstimmig dahinter.[2] Allerdings befürchteten die Mitglieder der AG, dass sich der Streit mit Feldmann nachteilig auf die Wahl des Nachfolgers von Prof. Albert Schädelin, der 1950 zurücktrat, auswirken könnte.

Diese Befürchtung war durchaus begründet. Feldmann teilte in einem Brief den Mitgliedern des Regierungsrates mit, dass er die Korrespondenzen mit den dialektischen Pfarrern so lange fortsetzen werde, bis er eine aktenmässig zu belegende Abklärung der wichtigen Streitpunkte

---

[1] Tagblatt des Gr. Rates, a.a.O., 466.
[2] Vgl. Protokoll der AG, 28.12.49.

besitze, deren Ergebnis für die Besetzung des Lehrstuhls für praktische Theologie wichtig sein werde.[1]

Die AG setzte sich für die Kandidatur von Privatdozent J. Dürr ein, der der positiven Richtung angehörte. Auch die theologische Fakultät zog Dürr dem liberalen Theologen Lektor W. Kasser vor.[2] Die AG befürchtete aber, dass die Liberalen wie auch bei andern Wahlen von Theologieprofessoren versuchen würden, mit Hilfe der Politiker, ihren Kandidaten durchzubringen. Auch die AG wandte sich an Feldmann und teilte diesem mit, dass die grosse Mehrheit der Berner Pfarrer die Kandidatur Dürr unterstütze.[3]

Die Wahl wurde schliesslich 1951 im Sinne eines Kompromisses vollzogen, indem die Professur für praktische Theologie aufgeteilt wurde. Beide Kandidaten wurden gewählt.[4] Für Schädelin war damit wieder einmal bewiesen, dass nicht die dialektischen Theologen, wie Feldmann meinte, sondern vielmehr die Liberalen Machtansprüche erhoben und gegen den Willen der Mehrheit der Kirche ihre Postulate mit Hilfe des Staates durchsetzten.[5]

Nach den heftigen Angriffen von Feldmann vor dem Grossen Rat am 13. September 1950 gegenüber den dialektischen Theologen schrieben diese Feldmann,[6] dass er seine gravierende Anschuldigung, wonach sie gegenüber den freiheitlich-demokratischen Grundlagen des Staates ein betontes Desinteresse zeigten, kaum werde beweisen können. Eine gewisse Kritik am Staat bedeute noch lange nicht die Leugnung seiner Grundlagen, sondern geschehe aus christlicher Verantwortung und aus Liebe zum Staat. Gerade für eine Demokratie und deren Erhalt sei eine solche Kritik notwendig. Auch der Berner Synodus verlange von den Pfarrern auf Grund des göttlichen Wortes Kritik gegenüber der Obrigkeit, ob es ihr gefalle oder missfalle. Um mit Feldmann über die ver-

---

1 Vgl. Brief Feldmanns an die Mitglieder des Regierungsrates vom 17.6.50 (Dossier Kirchendirektion).

2 Vgl. dazu Protokoll der AG, 28.12.49 (Dokumenten-Sammlung der AG).

3 Brief der AG an Feldmann vom 30.12.49 (Dokumenten-Sammlung der AG).

4 Vgl. Guggisberg, a.a.O., 319.

5 Schädelin, a.a.O., 23f.

6 Brief der AG an Feldmann vom 11.11.50 (Dokumenten-Sammlung der AG).

schiedenen Fragen zu diskutieren, lud die AG diesen ein, ein Referat zum Thema «Kirche und Staat» zu halten.

Feldmann antwortete erst vier Monate später[1] und beteuerte, dass er von seinen Darlegungen vor dem Grossen Rat kein Wort zurücknehme. Er hätte sogar noch einiges hinzuzufügen. Die Freiheit der Verkündigung stehe ausser Frage, aber ebenso die Tatsache, dass die Pfarrer der freien demokratischen Kritik unterstünden, namentlich dort, wo sie in politische Auseinandersetzungen eingriffen. Wie gegenüber dem Synodalrat hielt er fest, dass der Berner Synodus bloss eine geschichtliche Bedeutung für das Verhältnis von Kirche und Staat im Kanton Bern habe. Der Hinweis der AG auf den Synodus zeige einmal mehr, dass sie sich über die rechtlichen Beziehungen der Evangelisch-reformierten Landeskirche zum bernischen Staat nicht im Klaren sei. Rechtlich gälten allein die Staatsverfassung von 1893, das Kirchengesetz von 1945 und die Kirchenverfassung von 1946. Zu einer Aussprache mit der AG sei er aber bereit.

Bevor es zu einer Aussprache kam, legten 57 junge Berner Theologen, wovon die meisten zur AG gehörten, in einem Brief an Feldmann mit Kopie an den Gesamtregierungsrat ihren Standpunkt dar.[2]

Erstens zeigten sie sich empört über die Tatsache, dass von Regierungsseite immer wieder behauptet werde, sie seien zu «aggressiver Staatsfeindschaft» erzogen worden. Sie hätten vielmehr gerade von ihren theologischen Lehrern gelernt, dass die Regierung von Gott beauftragt sei, «mit Hilfe des Schwertes gegen innen und aussen für menschliche Gerechtigkeit zu sorgen». Allerdings beanspruchten sie auch dem eigenen Staat gegenüber das Recht zur freien Kritik, gerade weil sie wüssten, was echte Demokratie sei. Deshalb fürchteten sie sich auch vor keiner «eisernen Hand», die über die Kirche regieren möchte.[3] Zweitens erklärten sie, dass sie die Armee bejahten. Sie wären es unter anderen gewesen, die zur Zeit des Zweiten Weltkrieges den Widerstandswillen in Stunden «defaitistischer Gesinnung» hochgehalten hätten. Der prominenteste antimilitaristische Pfarrer Berns, Karl von Greyerz, habe dem

---

[1] Brief Feldmanns an die AG vom 16.3.51 (Dokumenten-Sammlung der AG).
[2] Brief von 57 jungen Berner Theologen an Feldmann mit Kopie an den gesamten Regierungsrat vom 21.5.51 (Dokumenten-Sammlung der AG).
[3] Vgl. dazu S. 55f.

«Verein für freies Christentum» angehört.[1] Allerdings wehrten auch sie sich entschieden gegen alle «Glorifizierung und Mystifizierung des Kriegshandwerkes». Drittens lehnten sie den Vorwurf, kommunistenfreundlich zu sein oder zumindest dem Kommunismus gegenüber eine neutrale Haltung einzunehmen, entschieden ab. Allerdings sei zu bedenken, dass gerade der «brutale Kapitalismus, wie er auch in der Schweiz zu beobachten sei», für das Erstarken des Kommunismus die Schuld trage. Sie als Pfarrer hätten allein das Evangelium Jesu Christi zu verkünden und sich entsprechend für soziale Gerechtigkeit einzusetzen, wodurch der Kommunismus am besten bekämpft werde. Viertens stellten sie fest, dass nicht sie es seien, die in der Kirche einen Bekenntniszwang einführen wollten, wie überall behauptet werde. Vielmehr versuchten die Liberalen für ihr Glaubensbekenntnis die Alleinherrschaft zu erringen, indem sie alle, die sich zum Apostolischen Glaubensbekenntnis bekannten, im Namen der Toleranz als «orthodox», «reaktionär», «fanatisch», und «intolerant» diffamierten. Im Übrigen fragten sie die Kirchendirektion an, was diese dazu zu sagen habe, wenn die Liberalen, die auch den Eid abgelegt hätten, das Evangelium nach bestem Wissen und Gewissen zu verkünden, ungehemmt die Meinung verträten, Jesus sei ein «Phantast» gewesen mit «unglaublichen Wahnvorstellungen».[2]

Zum Schluss gaben sie der Hoffnung Ausdruck, dass die Minderheit der liberalen Theologen, die bloss ein Drittel der bernischen Pfarrerschaft ausmachten, zukünftig bei Professorenwahlen nicht mehr vom Staat bevorzugt würden.

Dieser Brief war die erste längere Stellungnahme der dialektischen Theologen zu den Vorwürfen, welche Feldmann gegen sie erhoben hatte.

Am 4. Juni 1951 verteidigte Feldmann seine Position in einem Referat vor der AG zum Thema «Kirche und Staat»[3]. Im Wesentlichen wiederholte er dabei seine Vorwürfe, die er bereits am 13. September 1950

---

1 Vgl. dazu den interessanten Briefwechsel zwischen dem Synodalrat und Pfr. Von Greyerz, in welchem dessen antimilitaristische Position zum Ausdruck kommt (Archiv des Synodalrates).
2 Vgl. dazu F. Buri, Theologische Umschau, 1951, Nr. 2, 38.
3 Das Referat ist teilweise abgedruckt in: KBRS, 20.9.51, 296f. und Reformatio, Jan. 52, 15–19.

erhoben hatte. Darüber hinaus gab er seinem Ärger Ausdruck, dass der Schweizerische Evangelische Kirchenbund «mit der kommunistisch gleichgeschalteten Kirche Ungarns» Kontakte pflege und sie zur Zusammenarbeit mit dem kommunistischen Regime ermuntere und damit die Bedeutung der Staatsform für die Kirche überhaupt relativiere.[1]

Erneut warf Feldmann den Anhängern Karl Barths Desinteresse an den demokratischen Grundlagen der Schweiz und eine neutrale Haltung gegenüber dem Kommunismus vor, was von der kommunistischen Presse begrüsst werde, wie er mit unzähligen Beispielen zu beweisen versuchte. Da sich die kommunistische Politik im offenen politischen Angriff auf die Schweiz befinde und gegen deren Wühlereien der strafrechtliche Staatsschutz wesentlich verschärft werden müsse, müssten Staat und Volk auch wissen, ob «in der Stunde der Not und Gefahr», in welcher die Freiheit bedroht werde, die Landeskirche mit «defaitistischen Selbstbezichtigungen und einem theologisch begründeten Kollaborationismus, mit einer kirchlichen Anpasserpolitik die moralische Widerstandskraft unseres Volkes und unser Armee untergraben» werde. Feldmann fragte zudem, ob tatsächlich damit gerechnet werden müsse, dass «in der tragischen Stunde, wenn ein sowjetrussisch-kommunistischer Angriff uns überfallen sollte und unsere Soldaten zum Kampf auf Leben und Tod» antreten müssten, dies von den Kanzeln der Landeskirche als «gerechtes Gericht Gottes» über eine sozial angeblich rückständige Schweiz hingestellt würde[2] und damit dem Abwehrkampf die moralische Grundlage entzogen werde.

Es ist klar, dass Feldmanns Äusserungen und seine «Naherwartung» in Bezug auf einen sowjetrussischen Angriff nur aus der damaligen politischen Situation des Kalten Krieges verständlich sind.[3]

---

[1] Damit meinte er die Reisen Barths, Lüthis und Thurneysens nach Ungarn und deren Berichterstattungen in den Zeitungen. Vgl. S. 76ff.

[2] Feldmann spielte hier auf Äusserungen Pfr. Leuenbergers an. Vgl. Brief Leuenbergers an Feldmann vom 12.7.50 (Dossier Kirchendirektion).

[3] Vgl. dazu E. Sieber, Weltgeschichte des 20. Jahrhunderts, 190ff. Nach dem Zweiten Weltkrieg riegelte sich die Sowjetunion hermetisch gegen die westliche Welt ab und bemühte sich um den Ausbau ihres Machtsystems in Osteuropa. 1947 wurde mit der Zwischenlösung der so genannten «Volksdemokratien» aufgeräumt. Die osteuropäischen Staaten wurden zu Satelliten-

Feldmann fuhr fort, dass er aus Gründen des «Staatsschutzes» den Entschluss habe fassen müssen, die Haltung der Landeskirche und derer Pfarrer in diesen Fragen zu überprüfen und zu klären, ob auch da einer «allzu persönlich zugespitzten Führung» Gefolgschaft geleistet werde, wo sich diese Führung «mit ihren eigenartigen Einschaltungen in die weltpolitischen und aussenpolitischen Angelegenheiten» gegen die Existenzgrundlagen unseres freien Volksstaates wende.[1] Diese Klärung werde er, wenn nötig, auch in aller Öffentlichkeit und bis in die einzelnen Kirchgemeinden hinein fortsetzen.

Der Kirche gab Feldmann zu bedenken, dass sie nicht vergessen dürfe, dass sie ihren Auftrag weder im «jüdischen Priesterstaat» der Zeit Jesu noch im Staate Bern zur Zeit der Reformation zu erfüllen habe, sondern im bernischen demokratischen Volksstaat mit seinen geistigen und politischen Freiheiten. Auch die Kirche habe sich den Lebensbedingungen des 20. Jahrhunderts anzupassen. Für die Kirche könne es nicht gleichgültig sein, ob ihre Freiheit vom Staat wie in Bern respektiert werde oder ob sie zu einer «Prostituierten und zum blossen Machtinstrument eines diktatorischen Machthabers erniedrigten Kirche» gemacht werde.[2] Deshalb habe sich die Kirche für die Verteidigung des freien Rechtsstaates zu interessieren. Wenn sich die Kirche politisch äussern wolle, habe sie sich nach den gleichen politischen Arbeitsmethoden, die für Staat und Volk gälten, zu richten und entsprechend auf demokratischem Wege zu politischen Stellungnahmen zu kommen.

Gegenüber dem Staat hielt Feldmann fest, dass den Pfarrern ein Höchstmass an Freiheit zu gewähren sei. Für die Pfarrer dürfe das Prinzip «Wes Brot ich ess, des Lied ich sing» nicht gelten. Es sei auch die Auffassung der bernischen Staatsbehörden, dass die Kirche sich gerade

---

Staaten der Sowjetunion. 1948 verschwand mit dem kommunistischen Staatsstreich in der Tschechoslowakei der letzte unabhängige Staat im osteuropäischen Machtbereich der Sowjetunion. Der Europa-Offensive der Sowjets stellte die USA 1947 einen europäischen Rettungsplan, die Truman-Doktrin, gegenüber. Im Rahmen dieser Arbeit kann ich aber nicht näher auf die politischen Zusammenhänge und Entwicklungen eingehen. Es geht hier um die Stellung der Kirche im Ost-West-Konflikt.

[1] Damit meinte er Karl Barth.
[2] Hier ist die reformierte Kirche Ungarns gemeint.

in einem demokratischen Staat mit Politik zu beschäftigen habe. Nach Artikel 2 der Kirchenverfassung von 1946 bezeuge die Kirche, «dass das Wort Gottes für alle Bereiche des öffentlichen Lebens» gelte.[1] Im Übrigen habe der Staat dafür zu sorgen, dass die Kirche ihre Aufgabe ohne finanzielle Schwierigkeiten erfüllen könne.

Nachdem Feldmann sein Referat gehalten hatte, wurde vereinbart, dass Albert Schädelin im September in Form eines Vortrags auf die zum Teil massiven Vorwürfe und Angriffe antworten sollte.[2] Anschliessend sollte über sämtliche Fragen diskutiert werden. Damals ahnte noch niemand, dass Feldmann in der Zwischenzeit seinen Briefwechsel mit Karl Barth veröffentlichen würde und damit den Konflikt nochmals verschärfte.

7.6 Karl Barth in der Zeit von 1946–1950

Damit die Auseinandersetzungen zwischen Karl Barth und Markus Feldmann und deren Briefwechsel zum Berner Kirchenstreit verständlich werden, muss ich zuerst näher auf die Position Karl Barths im damaligen Ost-West-Konflikt eingehen.

Nach dem Zweiten Weltkrieg änderte sich die politische Situation sehr schnell. Nachdem eben noch der Nationalsozialismus die grosse Gefahr für die Welt bedeutet hatte, kam es nun zur Konfrontation zwischen Ost und West. Von Karl Barth wurde von verschiedenster Seite erwartet, dass er nun ebenso engagiert wie zuvor gegen den Nationalsozialismus gegen den Kommunismus kämpfen werde.

Barth aber weigerte sich, mit dem Strom zu schwimmen und in den ideologischen Kampf gegen den Kommunismus eingespannt zu werden. Das Evangelium durfte seiner Meinung nach dazu nicht instrumentalisiert werden.

---

1 Der ausgezeichnete Artikel lautet: «Sie [die Kirche] bezeugt, dass das Wort Gottes für alle Bereiche des öffentlichen Lebens, wie Staat und Gesellschaft, Wirtschaft und Kultur gilt; Sie bekämpft daher jedes Unrecht sowie jede leibliche und geistliche Not und ihre Ursache.»
2 Vgl. S. 114f.

Für Barth stand nach 1945 Deutschland im Mittelpunkt seines politischen Interesses, weil er sich durch die Neutralisierung Deutschlands eine «solide neutrale Brücke» zwischen Ost und West und damit einen exemplarischen neuen Weg zwischen den politischen Systemen erhoffte. Er wollte Deutschland aus der militärischen Auseinandersetzung zwischen Ost und West heraushalten. Deshalb lehnte er von Anfang an die deutsche Wiederbewaffnung ab, auch weil er sie als Verschärfung des Kalten Krieges betrachtete.[1] Ein demokratisch-sozialistisches, entmilitarisiertes und blockfreies Deutschland, das zur Versöhnung und zum Frieden beitragen konnte, stand ihm vor Augen.

Mit der Teilung Deutschlands und der Einordnung in die zwei militärischen Blöcke sollte Barths Hoffnung allerdings enttäuscht werden.

Zunächst beschäftigte Barth aber das Problem des deutschen Neuaufbaus. Seinen Beitrag leistete er, indem er sich in Bonn für zwei Gastsemester verpflichten liess.[2] Dazu hielt er viele Vorträge, von welchen «Die christliche Verkündigung im heutigen Europa» und «Christengemeinde und Bürgergemeinde» für unseren Zusammenhang besonders interessant sind.

Im erstgenannten Vortrag beschreibt Barth die Situation Europas zwischen Ost und West als «wie zwischen zwei Mühlsteinen».[3] Die Kirche hat in dieser Situation allein die Aufgabe der Verkündigung von Gottes freier Gnade. Die Verkündigung der Kirche hat ein freies, auch vom Ost-West-Konflikt unabhängiges Wort zu sein.[4] Gerade dann ist sie für Europa – als Verkündigung eines ewigen Wortes – rechte Verkündigung, deren Ziel und Zukunft das Reich Gottes ist.[5] Die Konfrontierung mit dem Kommunismus darf nach Barth nicht zu vorschnellen Alarmrufen führen, da der Kommunismus die radikale Lösung der sozialen Frage anstrebe, die in Europa auf die lange Bank geschoben worden sei. Der Kommunismus bedeute für Europa eine

---

1   Vgl. E. Busch, Karl Barths Lebenslauf, 396.
2   Vgl. dazu Busch, a.a.O., 345f.
3   Barth, Die christliche Verkündigung im heutigen Europa, 11.
4   Barth, a.a.O., 17.
5   Barth, a.a.O., 18.

letzte Warnung, «sein Versäumnis in einer eigenen und europäischen Gestalt des Sozialismus nachzuholen».[1]

Bereits 1946 vertrat Barth also die These, dass die Kirche sich nicht in den Kampf gegen den Kommunismus einspannen lassen dürfe.[2] Barth bedauerte es, dass die Deutschen die Frage der politischen und sozialen Erneuerung mehr und mehr hinter den Versuch, eine Ostfront zu errichten, zurückstellten.[3] Mit Martin Niemöller und Gustav Heinemann kämpfte Barth gegen die Wiederbewaffnung Deutschlands, was für ihn nicht bedeutete, dass er die westliche Abwehrbereitschaft ablehnte oder für einen prinzipiellen Pazifismus war.[4] Barth forderte aber die Deutschen auf, wegen ihrer besonderen Situation und Geschichte auf die Wiederbewaffnung zu verzichten, und sich nicht zu fürchten. Dabei meinte er mit der Aufforderung «Fürchtet euch nicht» nicht nur die emotionale, sondern auch die intellektuelle Ebene. Er verstand sie als Mahnung zur vernünftigen Wirklichkeitswahrnehmung. Barth war davon überzeugt, dass die Sowjetunion keinen neuen Krieg wollte.

Auf Schritt und Tritt begegnete Barth nun der Frage nach der Stellung der Kirche im anhebenden Ost-West-Konflikt, welche ihn noch für viele Jahre intensiv beanspruchen sollte.[5] Der Weg der Kirche musste für ihn ein dritter Weg zwischen Ost und West sein, ein klares Eintreten für den Frieden und gegen den Kalten Krieg.

Im Frühling 1948 wurde Barth von der ungarischen reformierten Kirche eingeladen, um in Ungarn vor verschiedenen Gemeinden und Theologen Vorträge zu halten.[6] Für unseren Zusammenhang ist sein Vortrag «Die christliche Gemeinde im Wechsel der Staatsordnungen» interessant.[7] Barth hält in diesem Vortrag fest, dass die christliche Ge-

---

[1] Barth, a.a.O., 10.

[2] Auf die zweite Schrift Barths, in welcher er das Verhältnis von Kirche und Staat behandelt, werde ich in anderem Zusammenhang eingehen. Vgl. S. 128f.

[3] Busch, a.a.O., 354.

[4] Vgl. dazu D. Koch, Heinemann, 216f. und 354–357.

[5] Vgl. dazu Busch, a.a.O., 360.

[6] Busch, a.a.O., 367.

[7] Abgedruckt ist der Vortrag in: Karl Barth, Christliche Gemeinde im Wechsel der Staatsordnungen, Dokumente einer Ungarnreise 1948, 30–47.

meinde am Wechsel der politischen Ordnungen auch beteiligt ist. Sie darf aber auch mitten im Wechsel der Staatsordnungen christliche Gemeinde bleiben und ihre «eigene Sache» leben.[1] Es gibt für die Gemeinde einen viel relevanteren Wechsel, der Jesus Christus heisst und der sich im Tode Jesu Christi vollzogen hat, in welchem Gott den sündigen Menschen rechtfertigte. Das ist nach Barth der entscheidende Wechsel, von dem die Welt herkommt. Ihr Ziel ist die Wiederkunft Jesu Christi.[2] Die andern Wechsel stehen im Lichte dieses grossen Wechsels. Es wäre deshalb merkwürdig, wenn in der christlichen Gemeinde, die diesen grossen Wechsel kennt, von den anderen kleinen Wechseln nicht ruhig und klar gesprochen werden könnte.[3] Ein solcher Wechsel kann den Christen weder entzücken noch entsetzen.[4] Die Kirche kann unter jeder politischen Ordnung leben. «Sie kann aber keinen fremden Göttern dienen. Sie kann sich also mit keiner alten oder neuen Staatsordnung auf Gedeihen oder Verderben verbinden, wie sie sich auch keiner auf Gedeihen und Verderben widersetzen kann. Sie kann keiner absoluten und abstrakten, sie kann einer jeden nur relativen und konkreten Gehorsam und Widerstand, und zwar allein den ihr durch Gottes Wort befohlenen Gehorsam und Widerstand leisten.»[5] Die Welt kann ihr aber nicht gleichgültig sein. Denn es handelt sich um die von Gott geliebte und in Jesus Christus mit Gott versöhnte Welt. Die Kirche hat den Menschen das Wort Gottes zu verkündigen. Sie darf deshalb nicht aus Sorge um ihre eigene Freiheit schweigen. Es kann sein, dass sie das Wort Gottes abseits in die Stille ruft. Sie kann aber auch in den Kampf und zur Parteinahme aufgerufen werden. Dann kann für sie auch Widerstand gegen die alte oder die neue Ordnung geboten sein.[6] Die ihrem Auftrag treu bleibende Kirche verteidigt keine Norm, kein Ideal und keine abstrakte politische Anschauung. Sie kann sich nicht für irgendeinen «Ismus» verantwortlich machen, aber auch für keine Verwerfung eines solchen. Die Kirche lebt nach Barth «immer aus einem anderen Grund und in einer anderen

---

[1] Barth, a.a.O., 30.
[2] Barth, a.a.O., 31.
[3] Barth, a.a.O., 32.
[4] Barth, a.a.O., 36.
[5] Barth, a.a.O., 39.
[6] Barth, a.a.O., 40.

Treue als sämtliche Rechts- und Linksparteien, mit denen sie heute zusammenarbeiten mag, um ihnen morgen entgegenarbeiten zu müssen. Die christliche Politik wird der Welt immer wieder eine fremde, unübersichtliche, überraschende Sache sein müssen, sonst ist sie gewiss keine christliche Politik.» [1]

In einer Rede an ungarische Studenten hielt Barth fest, dass es eine schlechte Zukunft wäre, «wenn es in ihr für einen auf den frei gebildeten und frei sich aussprechenden Volkswillen begründeten föderativen Rechtsstaat wie die schweizerische Eidgenossenschaft keinen Raum mehr geben sollte»[2]. Barth favorisierte also als Staatsform ganz eindeutig eine Demokratie nach schweizerischem Vorbild. In einer Diskussion in Budapest, in welcher es vor allem um das Verhältnis der Christen zum Staat ging, antwortete Barth auf die Frage, ob der Staat das Recht habe, seine Bürger zu zwingen, in eine bestimmte Partei einzutreten, oder ob man in diese eintreten dürfe, um seine Stellung zu behalten, mit einem klaren Nein, weil man nicht etwas wider sein Gewissen tun dürfe und Gott mehr zu gehorchen habe als den Menschen.[3] Dennoch sollte fast die ganze Schweizer Presse später behaupten, Barth habe der ungarischen reformierten Kirche angeraten, sich bei der kommunistischen Regierung anzubiedern.[4]

Nach Barths Meinung bemühte sich die reformierte Kirche Ungarns, gegenüber dem neuen Staat einen nüchternen Weg zu gehen.[5] Allerdings musste Barth kurz nach seiner Rückkehr in die Schweiz nach einem Gespräch mit Pfarrer Janos Peter seinen ungarischen Freunden in einem offenen Brief schreiben, dass sie ihm inzwischen «in der Richtung einer Verbeugung vor der neuen Ordnung einige Linien zu weit zu gehen»[6]

---

[1] Barth, a.a.O., 44f.

[2] Der Vortrag ist ebenfalls abgedruckt in: K. Barth, Christliche Gemeinde im Wechsel der Staatsordnungen, 9–14, hier 13.

[3] Die Diskussion ist ebenfalls abgedruckt in: K. Barth, Christliche Gemeinde im Wechsel der Staatsordnungen, 47–54, hier 53f.

[4] Vgl. S. 80.

[5] Busch, a.a.O., 368.

[6] Vgl. Barths Brief an ungarisch reformierte Christen 1948, abgedruckt in: K. Barth, Offene Briefe 1945–68, 139–147, hier 145f. Ähnliche Warnungen erhob Barth später gegenüber Bischof Bereczky. Vgl. dazu Barths Brief an

schienen. Aber er gab dies in der Schweiz nicht öffentlich bekannt, um nicht Wasser auf die ohnehin schon starken Mühlen des Antikommunismus zu leiten.[1] Dagegen urteilte Barth im «Kirchenblatt für die reformierte Schweiz» und im Basler «Kirchenboten» durchaus positiv über die ungarische reformierte Kirche.[2]

Er hielt dabei fest, dass die politischen Zustände in Ungarn nicht schön seien. Es sei nicht leicht, hinter dem «eisernen Vorhang» zu leben, aber er habe dort «mehr ruhige und heitere Menschen angetroffen als in Basel»[3]. Gerade dem Ostproblem gegenüber reagierten diese nicht mit derselben Nervosität wie manche im sicheren Westen. Die Eingliederung Ungarns in den Ostblock werde als «göttliches Gericht» erkannt.[4] Er sei aber unter den Reformierten Ungarns keinem prinzipiellen Anhänger des neuen Systems begegnet.[5] Sie gingen aber auch nicht den Weg des politischen Widerstandes wie etwa die katholische Kirche, da sie nach der sozialen Seite hin zu aufgeschlossen seien, um zu einer grundsätzlichen Ablehnung des Kommunismus zu kommen. Sie würden aber sicher auch nicht schweigen, wo sie reden müssten.[6] Die reformierte Kirche hinter dem «eisernen Vorhang» gehe einen schmalen Weg, der nach dem Neuen Testament der Weg der Kirche sei, hielt Barth fest.[7]

Bischof Bereczky 1951, abgedruckt in: K. Barth, Offene Briefe 1945–68, 274–289. Barth fragte Bereczky: «Finden Sie es in Ordnung, dass wir hier – ihre Freunde! – gegen unseren Strom, Sie aber so unentwegt mit dem Ihrigen schwimmen?» Barth, a.a.O., 283. Dieser Brief wurde im Februar 1952 gegen den Willen Barths, der den Brief bewusst nicht für die Öffentlichkeit geschrieben hatte, in verschiedenen Zeitungen in Deutschland und in der Schweiz veröffentlicht. Es blieb ungeklärt, wie der Brief an die Öffentlichkeit geraten war. Vgl. dazu Barth, a.a.O., 275.

1   Vgl. dazu Busch, a.a.O., 369.
2   Der Bericht ist abgedruckt in: K. Barth, Christliche Gemeinde im Wechsel der Staatsordnungen, 55–58.
3   Barth, a.a.O., 55.
4   Barth, a.a.O., 56.
5   Barth, a.a.O., 57.
6   Barth, a.a.O., 57.
7   Barth, a.a.O., 58.

Barths Bericht wurde in der Schweizer Presse ebenso wie die Bericht-erstattung von Eduard Thurneysen und Walter Lüthi, welche 1949 im Auftrag des Schweizerischen Kirchenbundes als Zeichen der brüderli-chen Verbundenheit mit den ungarischen Reformierten ebenfalls nach Ungarn gereist waren,[1] zerzaust. So wurde etwa in den Glarner Nachrichten behauptet, Barth hätte den ungarischen Reformierten den Rat erteilt, sich dem kommunistischen Regime einfach zu unterziehen.[2] Die Neue Berner Zeitung, welche schon 1945 die Falschmeldung ver-breitet hatte, Barth sei Mitglied der kommunistischen Partei (PDA) ge-worden,[3] wies auf die gefährliche Verwandtschaft zwischen Barths Theologie und Maximen politisch autoritärer Regimes hin. Es wurde auch vermerkt, dass im Jahr 1948 wohl nur Ausländer, die Gewähr für Linientreue böten, hinter den «eisernen Vorhang» eingeladen würden.[4]

Die Berichterstattung Barths veranlasste Emil Brunner zu einem offenen Brief an Karl Barth im «Kirchenblatt für die reformierte Schweiz» mit dem Titel «Wie soll man das verstehen?»[5]. Damit wurde eine folgenrei-che und tiefe Kontroverse eingeleitet.

Bereits zuvor war es zwischen Barth und Brunner 1948 an der Welt-kirchenkonferenz von Amsterdam nach den Referaten des nachmaligen

---

1 Vgl. dazu die Berichte Thurneysens und Lüthis in: KBRS, 1949, 278–80 und Leben und Glauben, 20.8.49, 4f. Vgl. dazu auch die interessante Erklä-rung von Barth, Lüthi und Thurneysen, die am 9.12.49 in den Basler Nach-richten erschien. Sie ist auch abgedruckt in: K. Barth, Offene Briefe 1945–68, 195–199.

2 Glarner Nachrichten, 12.7.50.

3 Neue Berner Zeitung, 8.12.45.

4 Neue Berner Zeitung, 2.8.48. Ich kann hier nicht näher auf die Zeitungsbe-richte eingehen. Es scheint mir allerdings verständlich, dass die Meinung der ungarischen Reformierten, die Eingliederung Ungarns in den Ostblock sei ein Gericht Gottes, von den Schweizer Zeitungen allgemein hinterfragt wurde.

5 Brunners Brief und Barths Antwort sind am besten zugänglich in: K. Barth, Offene Briefe 1945–68, 148–166. Vgl. Zum Verhältnis von Barth und Brun-ner auch deren Briefwechsel: Karl Barth – Emil Brunner, Briefwechsel 1916–1966.

amerikanischen Aussenministers John Foster Dulles und des tschechischen Theologen Josef L. Hromádka zur Stellung der Kirche im Spannungsfeld zwischen Ost und West zu einem Konflikt gekommen. Brunner forderte in seinem Referat die Kirche zu einer kompromisslosen Haltung gegenüber dem Osten auf. Barth rief dagegen zur Mässigung gegenüber dem Osten und zur Selbstkritik gegenüber den gesellschaftlichen Verhältnissen im Westen auf. Die Mehrheit der Teilnehmenden stellte sich hinter Barth, was für Brunner zum traumatischen Erlebnis wurde und dazu führte, dass Brunner künftig zum Ökumenischen Rat auf Distanz ging.[1]

Für Brunner waren der Kommunismus und der Nationalsozialismus zwei verschiedene Varianten des Totalitarismus, zu welchem die Kirche nur klar nein sagen konnte. Brunner schrieb in seinem offenen Brief, dass Barth zu seiner Betroffenheit dem Problem des Totalitarismus schon zur Zeit des Nationalsozialismus ausgewichen sei, wogegen der totalitäre Staat doch eo ipso der gottlose Staat sei.[2] Es gehe doch nicht um ein Problem «Ost – West» und um das Problem des «Kommunismus», wie Barth und seine Freunde meinten, sondern vielmehr darum, dass ein politisches System verschiedene Völker unterjoche.[3] Der totalitäre Staat bedeute die Verleugnung der Menschenrechte, welche den Menschen aber durch Gottes Schöpfung verliehen seien. Der totalitäre Staat nehme für sich allein in Anspruch, Recht zu setzen. Deshalb sei er auch seinem Wesen nach atheistisch, weil er die Totalität des Menschen für sich beanspruche.[4] Er kann nach Brunner auch dann unter Christen nicht als Möglichkeit angesehen werden, wenn es in ihm gewisse Elemente der Gerechtigkeit (beispielsweise soziale Gerechtigkeit) gibt.[5]

Zum Schluss stellte Brunner Barth die Frage, weshalb ausgerechnet er, der jeglichen kirchlichen Kollaborationismus unter Hitler so scharf verurteilt habe, den ungarischen Reformierten, welche zum Teil mit dem

---

1 H. H. Brunner, Mein Vater und sein Ältester, 224f.
2 Brunner, bei Barth, Offene Briefe 1945–68, 151. Vgl. zur damaligen Debatte über die totalitären Systeme das Buch von J. J. Linz, Totalitäre und autoritäre Regime, besonders 20ff.
3 Brunner, bei Barth, a.a.O., 152.
4 Brunner, bei Barth, a.a.O., 154.
5 Brunner, bei Barth, a.a.O., 155.

dort herrschenden Regime zusammenarbeiteten, rate, sich nicht mit dem Recht oder Unrecht der jetzigen Regierung zu beschäftigen, sondern allein mit der Aufgabe ihrer Kirche, was der Rückzug auf eine rein innere Linie bedeute.[1]

Brunner hatte in dieser Sache die schweizerische Öffentlichkeit weitgehend auf seiner Seite. Seine Position ist in unserem Zusammenhang deshalb interessant, weil sich Feldmann in seiner Auseinandersetzung mit Barth, immer wieder auf Brunner und dessen naturrechtliche Begründung des Staates berief.[2]

Barth antwortete auf Brunners Brief betont zurückhaltend, um diesen nicht erneut wie 1934 mit seinem schroffen «Nein!» zu kränken.[3]

Barth begann in seiner Antwort mit der Feststellung, dass bekenntnismässige Stellungnahmen der Kirche im politischen Bereich nur dann gefordert seien, wenn «Not am Mann» sei. Die Kirche hat nach Barth nicht zeitlos zu politischen Systemen Stellung zu nehmen, sondern zu konkreten «geschichtlichen Wirklichkeiten». Die Kirche ist «nicht irgend einem Naturrecht, sondern ihrem lebendigen Herrn verpflichtet». Deshalb redet und handelt die Kirche nie «prinzipiell», sondern «von Fall zu Fall». Sie wahrt sich deshalb immer die Freiheit, eine neue Situation neu zu beurteilen.[4] Die Notwendigkeit der politischen Stellungnahme war für die Kirche 1933 vorhanden. Auch in der Schweiz liessen sich in jener Zeit viele von Hitler «imponieren». Was den Nationalsozialismus «christlich interessant machte», ist nach Barth nicht sein totalitäres oder nihilistisches Wesen, sondern dass er mit seiner verführerischen Gewalt viele «Seelen» einzufangen und zu beherrschen wusste. Gegenüber dieser mas-

---

1   Brunner, bei Barth, a.a.O., 158.

2   Vgl. Brief Feldmanns an Leuenberger, 3.5.50 (Dossier Kirchendirektion). Auf der einen Seite steht für Brunner die Natur mit ihrer vom Evangelium unabhängigen Existenz. Ihre Rechte wurden ihr bei der Schöpfung von Gott verliehen. Auf der anderen Seite steht das Evangelium. Brunner hat eine doppelte Schau der Wirklichkeit. Für Barth ist dagegen das auch die Natur umfassende Evangelium die eine Sicht der Wirklichkeit. Vgl. dazu D. Cornu, Barth und die Politik, 133.

3   Vgl. dazu Busch, a.a.O., 369.

4   Barth, a.a.O., 159.

kierten Gottlosigkeit ging es bei der Kirche «um Leben und Tod».[1] Barth stellt Brunner nun die Frage, ob gegenüber dem Kommunismus heute in derselben Weise «Not am Mann» sei. In Deutschland, der Schweiz und im übrigen Europa errege dieses «östliche Monstrum», wie Brunner es nenne, doch «nur Angst, Abscheu und Hass». Auf jeden Fall sei es für niemanden eine Versuchung. Es stehe jedem frei, sein «Mütchen» an jenem «Monstrum» nach Herzenslust zu kühlen. Es sei nicht notwendig, dass die Kirche in einem Glaubensbekenntnis niederlege, was jeder Bürger jeden Tag «kopfnickend auch in seiner Zeitung lesen kann, was von Herrn Truman und vom Papst ohnehin so trefflich vertreten» werde.[2] «Nein, wenn die Kirche bekennt, dann geht sie in Furcht und Zittern gegen den Strom und nicht mit ihm»[3], gab Barth Brunner zu bedenken. Für den Fall, dass es tatsächlich wieder einmal zu einer geistlichen Bedrängnis kommen sollte und die Kirche im Westen konkret gefragt werden sollte, sei Barth überzeugt, dass die Kirche dann in dieser Situation vom ersten Satz der Barmer Erklärung mehr haben werde, als von Brunners «zeitlosen Richtigkeiten» und seiner Wissenschaft «von der Verwerflichkeit des Totalitarismus».[4] Im Übrigen war für Barth das kommunistische System «ein leicht durchschaubarer Unfug».[5]

An einer anderen Stelle sagte Barth dazu: «Wer eine politische Absage an [dieses] System und [diese] Methoden haben will, kann sie sofort haben. Aber eben: Billig zu geben, billig zu haben!»[6]

Barth war gegen einen billigen Antikommunismus. Er weigerte sich mit den Wölfen zu heulen, weil er überzeugt war, dass der Antikommunismus im Westen zu einer Ideologie geworden war. Ebenso weigerte er sich aber, im kommunistisch dominierten Weltfriedensrat, der mit einer

---

[1] Barth, a.a.O., 162.
[2] Barth, a.a.O., 164.
[3] Barth, a.a.O., 164.
[4] Vgl. Barth, a.a.O., 165.
[5] Barth, a.a.O., 162.
[6] Barth, Evangelische Theologie 8, 1948, 43.

systematischen antiamerikanischen Haltung auftrat, mitzumachen, da er solche Propagandaunternehmen nicht liebte.[1]

Barth ging es wirklich um einen dritten Weg jenseits der kommunistischen und antikommunistischen Propaganda, um ein eindeutiges Eintreten für den Frieden und gegen den Kalten Krieg, der nach Barth in die Katastrophe führen musste. Im Ost-West-Konflikt hatte die Kirche nach Barth nicht Partei zu ergreifen, sondern sie musste im Westen für sozialen Ausgleich und im Osten für die Menschenrechte und die Freiheit des Evangeliums eintreten.

Im Sommer 1950 erfuhr Barth aus sicherer Quelle, dass er vom amerikanischen Geheimdienst überwacht wurde, weil er zu viele «östliche Freunde» hatte.[2]

Mit dem Ausbruch des Koreakriegs im Sommer 1950 sahen sich die Kreise um Konrad Adenauer in Deutschland darin bestätigt, dass in Deutschland wieder aufgerüstet werden musste. Adenauer bekam in der Bevölkerung eine wachsende Unterstützung. Im Oktober 1950 nahm Barth in einem offenen Brief an Wolf-Dieter Zimmermann in Berlin zum Streit um die deutsche Wiederaufrüstung Stellung.[3] Darin hielt er fest, dass keiner den Kommunismus wolle. Deshalb müsse man aber für einen «ernsthaften Sozialismus» eintreten. Auch lehne er einen Pazifismus aus Prinzip ab. Er verstehe die Regierungen Amerikas, Englands, aber auch der Schweiz, wenn diese sich gegenüber einer allfälligen sowjetrussischen Intervention militärisch wehren wollten. Er stimme einer westlichen Abwehrentschlossenheit durchaus zu. Aber aus der konkreten Situation heraus lehne er eine deutsche Remilitarisierung ab.[4]

---

1   Vgl. Brief Barths an F. Joliot-Curie vom 30.4.51 abgedruckt in: K. Barth, Offene Briefe 1945–68, Anhang B, 562–69. Ebenso unterzeichnete er 1950 den Stockholmer Friedensaufruf gegen die Atombombe nicht.

2   Vgl. dazu Busch, a.a.O., 396.

3   Abgedruckt in: K. Barth, Offene Briefe, 1945–1968, 202–14.

4   Vgl. Barth, a.a.O., 208f. Er teilte darin die Meinung von M. Niemöller und G. Heinemann, welche ihrer Haltung wegen auch in der Schweizer Presse sehr kritisiert wurden. Heinemann, der wegen der deutschen Remilitarisierung als Minister zurückgetreten war, hielt über die Wiederaufrüstung am 1.12.50 in Bern einen kritischen Vortrag, in welchem er mit Barth in allen wesentlichen Punkten übereinstimmte. Der Vortrag wurde in verschiedenen

Bereits 1949 hatte Barth zuerst in der Stadtkirche in Thun und dann auf Anfrage des Münsterkirchgemeinderates im Berner Münster einen Vortrag über das vom Synodalrat zum bernischen Kirchensonntag gegebene Thema «Die Kirche zwischen Ost und West» gehalten.[1]

Schon bevor Barth seinen Vortrag hielt, wurde in den Berner Zeitungen eifrig darüber gestritten, ob Barth nun eigentlich mit dem Kommunismus kollaboriere oder nicht.[2]

Gleich zu Beginn seines Vortrages hielt Barth fest, dass nicht er an diesem Kirchensonntag «die Politik auf die Kanzel gebracht» habe, sondern der Synodalrat. Er gab weiter zu bedenken, dass er nicht vor einem «unverbindlichen Vortragspublikum», sondern vor der Gemeinde Jesu Christi zu sprechen gedenke. Deshalb riet er den Zaungästen, welche nicht an der Kirche, sondern bloss am Ost-West-Konflikt interessiert seien, besser nach Hause zu gehen, damit sie sich nicht «ärgern» müssten.[3] Barth hielt fest, dass die Christen im Ost-West- Konflikt nicht Partei zu ergreifen hätten. Die Kirche habe allein zum Frieden aufzurufen, damit unter allen Umständen ein dritter Weltkrieg verhindert werde.[4] Wenn es zu einem Konflikt kommen sollte, hätten die Christen allein die «schweizerische Neutralität» und mit ihr die «christliche Freiheit» zu verteidigen, aber nie die Sache des «russischen» oder «amerikanischen Weltreiches».[5] Für Barth wäre es ein Beweis von christlicher Nüchternheit, wenn nicht einfach die eine Seite mit dem Guten, die andere aber mit dem Bösen identifiziert würde. Der Ost-West-Konflikt war für ihn nicht einfach ein Machtkonflikt, sondern ein Aufeinanderprallen von zwei verschiedenen Auffassungen des Menschen. «Die Sache des Wes-

---

Zeitungen abgedruckt (vollständig abgedruckt in der Februar-Ausgabe 1951 des Johannes-Markus-Gemeindeblattes, Bern). Heinemann hielt auch in Basel einen Vortrag und besuchte bei dieser Gelegenheit Barth in dessen Haus, wo zu Heinemanns Ehren eine Extrasitzung der Sozietät abgehalten wurde. Vgl. dazu Busch, a.a.O., 396.

1 Vgl. Busch, a.a.O., 370.
2 Vgl. beispielsweise die Leserbriefe im Bund vom 14.1.49 und vom 20.1.49.
3 Vgl. K. Barth, Die Kirche zwischen Ost und West, 4.
4 Barth, a.a.O., 7.
5 Barth, a.a.O., 8.

tens» möge «von Natur und Haus aus unsere eigene Sache sein».[1] «Die Sache Gottes» sei aber weder mit der des Westens noch mit der des Ostens gleichzusetzen. Barth weigerte sich in diesem Vortrag erneut, dem Druck der Öffentlichkeit nachzugeben, wonach die Kirche offen für den Westen Partei ergreifen sollte. Wie schon gegenüber Brunner erklärte Barth in seinem Vortrag, weshalb die Kirche im Gegensatz zur jetzigen Situation zehn Jahre zuvor gegen den Nationalsozialismus habe «nein» sagen müssen.[2] Barth wehrt sich gegen den Zwang der Wiederholung: «Als ob die Kirche ein Automat wäre, bei dem man sich gegen Einwurf eines Geldstückes heute selbstverständlich die gleiche Ware verschaffen kann wie gestern!»[3] Gerade ein Vergleich mit dem Nationalsozialismus zeige, dass die Kirche gegenüber dem kommunistischen Osten nicht in gleicher Weise Stellung zu beziehen habe, obwohl gegenüber dem Osten wegen seines Totalitarismus viel einzuwenden sei. Es entbehre nun aber allen Sinnes, «wenn man den Marxismus mit dem ‹Gedankengut› des Dritten Reiches, wenn man einen Mann von dem Format von Joseph Stalin mit solchen Scharlatanen wie Hitler, Göring, Hess, Goebbels, Himmler, Ribbentrop, Rosenberg, Streicher usw. es gewesen sind, auch nur einen Augenblick im gleichen Atem nennen wollte.»[4]

Aus heutiger Sicht ist schwer verständlich, dass Barth einen skrupellosen Diktator und Massenmörder wie Stalin hier positiv heraushebt. Die spätere Kritik von Markus Feldmann an diesem Satz ist durchaus verständlich. Zur Verteidigung von Barth schreibt Hartmut Ruddies: «Barths Stalin-Bild scheint die Züge des antiken Tyrannen zu betonen, den man nicht verehren, den man aber wegen seiner sozialen Züge auch nicht einfach verachten kann, und seine Wahrnehmung der Sowjetunion war natürlich auch davon geprägt, dass im Sommer 1941 das Überleben der Demokratien auf des Messers Schneide stand und der Sieg über Hitlerdeutschland und seine Verbündeten nur im Bündnis mit der Sowjetunion errungen werden konnte.»[5]

---

[1] Barth, a.a.O., 11.
[2] Vgl. Barth, a.a.O., 12ff.
[3] Barth, a.a.O., 13.
[4] Barth, a.a.O., 14. Vgl. die Ausführungen von Marquardt zu diesem Satz in: F.-W. Marquardt, Theologie und Sozialismus, 66–69.
[5] H. Ruddies, Unpolitische Politik?, 195.

Barth hat sich bezüglich Stalin gründlich getäuscht. Er hat dessen «luzifere» Seite nicht gesehen. Allerdings ging es Barth in seinem Vortrag nicht um eine Rechtfertigung des Stalinismus und dessen Gräueltaten. Barth sagte: «Was in Sowjetrussland – sei es denn: mit sehr schmutzigen und blutigen Händen, in einer uns mit Recht empörenden Weise – angefasst worden ist, das ist immerhin eine konstruktive Idee, immerhin die Lösung einer Frage, die auch für uns eine ernsthafte und brennende Frage ist und die wir mit unseren sauberen Händen nun doch noch lange nicht energisch genug angefasst haben: der sozialen Frage.»[1]

Für Barth stand im Vordergrund, dass im Unterschied zum Nationalsozialismus der Kommunismus seiner Meinung nach von einer «konstruktiven Idee» – der Lösung der sozialen Frage – erfüllt sei. Solange dieses Problem im Westen auch nicht gelöst war, konnte es nach Barth ein «unbedingtes Nein» gegenüber dem Osten nicht geben. Barth war der Überzeugung, dass eine gute soziale Politik die beste Abwehr gegenüber dem Kommunismus sei. Von einer rein argumentativen Bekämpfung des Kommunismus und von antikommunistischer Propaganda hielt er nichts. Der Kommunismus konnte seiner Meinung nach nur gedeihen, weil die bürgerliche Gesellschaft ihre Pflichten nicht ernst genug nahm. Den Kommunismus bekämpfte man nach Barth am besten, wenn man ihm etwas Besseres gegenüber stellte. Dazu brauchte es weder einen ideologischen Antikommunismus noch eine militärische Aufrüstung, sondern soziale Gerechtigkeit und das Einhalten der Freiheitsrechte.

Später[2] sagte Barth deutlich, dass er sowohl den Nationalsozialismus wie auch den Kommunismus als politische Systeme unerträglich finde. Beide Systeme bedeuteten eine Unterdrückung des Menschen. Der Nationalsozialismus ist nach Barth die «Gottlosigkeit im Bösen», der Kommunismus dagegen die «Gottlosigkeit im Guten». In gewissem Sinne sei dabei der Kommunismus noch schlimmer, weil er das Gute ins Böse verwandelte. «Ja, man kann jetzt sagen, die Gottlosigkeit im Guten ist noch schlimmer [...] Sie wollen Gerechtigkeit durch Ungerechtigkeit,

---

[1] Barth, a.a.O., 14.
[2] Diskussionsnachmittag mit Karl Barth in der Paul-Gerhardt-Kirche Stuttgart am 14.3.54 (Protokoll im Karl Barth-Archiv).

Befreiung durch Unfreiheit, sie wollen Demokratie und machen Tyrannei.»[1]

Barth hielt in seinem Vortrag fest, dass ein wesentlicher Unterschied zum Nationalsozialismus darin bestehe, dass der Kommunismus sich offen als gottlos bekenne und das Christentum nicht wie der Nationalsozialismus verfälsche und sich selbst «in ein christliches Gewand» hülle und sich als Religion ausgebe. Er sei nicht «antichristlich», sondern «kaltschnauzig [sic] achristlich».[2] Dagegen habe die Christenheit nicht mit Kampfaktionen zu reagieren. Bekenntnisse habe die Kirche dann auszusprechen, «wenn sie sich einer Versuchung zu erwehren» habe, was beim Kommunismus aber nun wirklich nicht der Fall sei.[3] Wenn wieder einmal Not am Mann sein sollte, möchte er sehen, wer dann in der vordersten Reihe stehen werde. Das christliche Bekenntnis bestehe im Moment gerade in einem «Verzicht» auf eine Parteinahme, welche bloss den westlichen Gefühlen und Machtinteressen entspringe.[4]

Barths Vortrag «Die Kirche zwischen Ost und West» war wahrscheinlich einer der wesentlichen Auslöser für den Berner Kirchenstreit und die Angriffe Feldmanns gegen Barth vor dem Grossen Rat.[5]

7.7 Der Briefwechsel zwischen Karl Barth und Markus Feldmann

Auf Feldmanns Angriffe vor dem Grossen Rat am 13. September 1950[6] reagierte Barth umgehend.[7]

Am 16. September 1950 fragte er Feldmann in einem Brief, «warum das eigentlich zwischen zwei Menschen, die doch beide in ihrer Art

---

[1] So Barth am Diskussionsnachmittag, a.a.O.

[2] K. Barth, Die Kirche zwischen Ost und West, 15.

[3] Barth, a.a.O., 16.

[4] Barth, a.a.O., 17.

[5] Vgl. dazu Feldmann, Tagebuch, 21.2.56.

[6] Vgl. S. 55ff.

[7] Der Briefwechsel Barth-Feldmann ist abgedruckt, in: Kirche und Staat im Kanton Bern. Dokumente zur Orientierung des Grossen Rates als Beitrag zur Diskussion. Grössenteils abgedruckt ist der Briefwechsel in: K. Barth, Offene Briefe 1945–68, Nr. 27, 28 und 29, 214–273. Die Seitenangaben beziehen sich darauf, da die erstgenannte Publikation vergriffen ist.

Christen und Eidgenossen sein möchten, so zugehen»[1] müsse. Um das Ganze ins Humorvolle zu ziehen, schrieb er Feldmann, dass dessen Grossvater Rudolf Feldmann, der im Freien Gymnasium ein Lehrer Barths gewesen war, Barth und seine Klassenkameraden wegen ihres Ungehorsams verflucht habe und ihnen die Strafe für das, was sie ihm angetan hätten, vorausgesagt habe. Wenn er nun von der schweizerischen Öffentlichkeit «als angebliches Oberhaupt einer unerwünschten theologischen Richtung» vor zehn Jahren, weil er gegen Hitler «zu scharf», jetzt, weil er gegen Stalin «zu wenig scharf» mache, angegriffen worden sei, frage er sich, ob das nun sein Anteil an dem angekündigten Zahltag des grossväterlichen Fluches sei, da er unter all den Angreifern immer wieder auf den Namen Feldmann gestossen sei.[2]

Da sich Barth durch die Angriffe Feldmanns materiell nicht betroffen fühlte, weil diese seiner Meinung nach nicht auf einer wirklichen Kenntnis seiner Lebensarbeit und Person beruhten, schlug er, um Missverständnisse zu verhindern, eine offene Aussprache «von Mann zu Mann» vor. Er stellte es Feldmann frei, ihn bei einer allfälligen Bestätigung seiner Ansichten weiterhin als «Staatsfeind Nr. 1» zu behandeln.[3]

Viele Jahre später schrieb Barth, dass er mit diesem Brief mit Feldmann habe Frieden machen wollen, damit aber eine Lawine, zwar nicht ausgelöst, aber ins Rollen gebracht habe.[4]

In seiner Antwort vom 25. September 1950 wies Feldmann einen Zusammenhang zwischen der Erfüllung seiner amtlichen Aufgaben und einem grossväterlichen Bannfluch humorlos zurück.[5] Im Weiteren gab er

---

[1] Barth, a.a.O., 223.
[2] Barth, a.a.O., 224.
[3] Vgl. Barth, a.a.O., 225.
[4] K. Barth, Briefe 1961–1968, 318.
[5] Feldmann bei K. Barth, Offene Briefe 1945–1968, 226. Die Basler Nachrichten kommentierten am 14.8.51 die Reaktion Feldmanns wie folgt: «Barth hat den Fehler begangen, der einem Basler gelegentlich passiert: Er hat seine Kontroverse mit einem erasmischen Witz begonnen, und das ist ihm verübelt worden. Natürlich geht Dr. Feldmann nicht auf diesen Scherz ein [...] Womit er die ganz seriösen Leser auf seiner Seite hat, ebenso die ‹NZZ›, welche den barthschen Anknüpfungspunkt als ‹höchst eigenartig› be-

seiner Meinung Ausdruck, dass es zwischen Kirche und Staat zu Spannungen kommen dürfe. Diese dürften aber die Existenzgrundlagen des Staates nicht gefährden. Da verschiedene Vertreter der «barthschen» Theologie sich wiederholt überheblich von den Existenzgrundlagen des schweizerischen Staates distanziert hätten und entsprechend in der kommunistischen Presse auf Sympathie gestossen seien, habe er als Kirchendirektor reagieren müssen. Zu einer persönlichen Aussprache erklärte sich Feldmann bereit. Dabei wünschte er, dass die zu besprechenden Fragen vorher schriftlich fixiert würden, jedoch ohne dadurch dem Gespräch von vornherein Gewalt anzutun.[1]

Daraufhin stellte Barth am 26. September 1950 Feldmann sieben Fragen.[2]

Erstens fragte er ihn, ob sie sich nicht auf einen gemeinsamen «christlichen, menschlichen» Boden stellen könnten, um von da aus ein konstruktives Gespräch zu führen.

Zweitens fragte er nach den Sätzen, mit welchen er und seine Anhänger die Existenzgrundlagen der Schweiz bedrohten. Dabei dürfe Feldmann auch seinen Einfluss in der Schweiz und im bernischen Kirchengebiet nicht überschätzen. Die Theologische Arbeitsgemeinschaft sei beispielsweise ein «original-bernisches Gebilde», an welchem er keinen Anteil habe.

Drittens fragte er nach den Sätzen und Stellungnahmen der Anhänger Barths, aus welchen Feldmann «Herrschafts-, Macht- und Monopolansprüche» seiner Theologie ableite.

Viertens fragte Barth, ob es nicht auch Feldmann schon passiert sei, dass er von einer ihm unsympathischen Seite Lob bekommen habe, so wie er es im Moment von der kommunistischen Presse erhalte.

Fünftens fragte er, wie Feldmann dazu komme, seinen Vortrag im Berner Münster von 1949 als «auffallende Verbeugung vor Stalin» zu interpretieren und diesen als Beleg für die angebliche Neutralität der dialektischen Theologen gegenüber dem Kommunismus und als Desin-

---

zeichnet. Das ist eine Lehre; Man soll eben vom Rhein aus seine ernste Meinung nicht als lachende Wahrheit über den Jura schicken!»
[1] Feldmann, bei Barth, a.a.O., 227.
[2] Man vergleiche im Folgenden: Barth, a.a.O., 228–231.

teresse gegenüber den freiheitlich-demokratischen Grundlagen der Schweiz anzuführen.[1]

Sechstens fragte er, ob für die bernische Kirche etwas anderes gelte, als was für jede Kirche ihre erste und entscheidende Aufgabe sei, nämlich «Kirche Jesu Christi zu sein». Von daher müsse Feldmann doch Verständnis haben, dass es zwischen Kirche und Staat zu Spannungen kommen könne.

Siebtens fragte Barth, ob Feldmann nicht Verständnis haben könne, «dass es auch innerhalb der evangelisch-reformierten Kirche eine ‹Richtung› geben kann und von der Bibel her vielleicht geben muss, die hinsichtlich der ‹reformierten Grundlage› [...] etwas Bestimmtes glaubt (und nicht nur ‹meint›!), dass sie durch andere ‹Richtungen› implizit und explizit geleugnet hört, so dass sie mit diesen wohl im Verhältnis zum bernischen Staat, nicht aber als eine christliche Kirche Gemeinschaft haben kann? Hat die ‹Toleranz› nicht sogar im demokratischen Staat ihre ganz bestimmten Grenzen? Können Sie sich als dessen Vertreter dagegen verwahren, dass (eventuell mit noch viel höherem Recht) eine bestimmte geistliche, theologische Intoleranz in der Kirche vertretbar ist, dass irgendwo auch in der Staatskirche (eben im Blick auf deren ‹reformierte Grundlage›) ein deutliches Nein gesagt und – immer im Rahmen der Staatskirche – selbstverständlich auch betätigt werden darf?»[2]

Dazu legte Barth Feldmann seine Schrift «Christengemeinde und Bürgergemeinde» bei, in welcher er sich ausführlich über das Verhältnis von Kirche und Staat geäussert hatte.

Wochen und Monate vergingen, ohne dass Feldmann antwortete.[3] Erst 20 Wochen später am 5. Februar 1951 antwortete er. Statt seine Fragen zu fixieren, verfasste Feldmann eine 39 Seiten umfassende Anklageschrift, die Barth als regelrechte Urteilsbegründung «verfasst vom ‹Vorsteher der bernischen Kirchendirektion› zuhanden eines fehlbar gewordenen Untergebenen» empfand und deshalb am 10. Februar 1951

---

1   Vgl. Tagblatt des Grossen Rates, 13.9.50, 465.

2   Barth, a.a.O., 230f.

3   Feldmann hielt in seinem Tagebuch fest, dass die «Aktion Karl Barth», wie er sie im Tagebuch immer wieder nannte, wegen anderen Geschäften etwas zurückhänge, mit Nachdruck aber wieder aufgenommen werden müsse. Vgl. dazu Feldmann, Tagebuch, 27.10.50.

den Briefwechsel abbrach, indem er feststellte, dass er einiges zu viel hinter sich habe, um sich von Feldmann derart behandeln zu lassen.[1]

Feldmann antwortete darauf, dass die Kirche, wenn sie auch im politischen Leben ernst genommen werden wolle, auch dem Grundsatz «audiatur et altera pars» Rechnung tragen müsse. Barth und seine Richtung huldigten jedoch mehr dem Grundsatz «taceat altera pars».[2] Dazu hielt er fest, dass er, falls er noch einmal vor dem Grossen Rat über staatspolitische Unklarheiten und richtungspolitische Machtansprüche innerhalb der Evangelisch-reformierten Landeskirche sprechen müsse, nach diesem Briefwechsel um ein ganz erhebliches Stück deutlicher reden werde, als er dies am 13. September 1950 getan habe.[3] Auch er betrachte den Briefwechsel als abgeschlossen.[4]

Der Briefwechsel zwischen Barth und Feldmann missglückte also. Es kam zu keiner Aussprache. Schuld war nach Barth die umfassende Antwort Feldmanns auf seine sieben Fragen.

In dieser Antwort hatte Feldmann sich bereit erklärt, sich mit Barth für das Gespräch auf einen «christlichen, menschlichen» Boden zu stellen. Allerdings mit der Einschränkung, dass um die Frage, was unter einem solchen christlichen und menschlichen Boden zu verstehen sei, die heftigsten Auseinandersetzungen stattfänden. Im Übrigen versuchte Feldmann Barth zu beweisen, wie gross sein Einfluss im schweizerischen und insbesondere im bernischen Kirchengebiet sei, indem er aufzählte, wer alles von Barth abhängig sei (allen voran Albert Schädelin und die

---

[1] Barth, a.a.O., 270f.

[2] Vgl. Feldmann bei Barth, a.a.O., 272f.

[3] Feldmann äusserte sich erneut am 18.9.51 vor dem Grossen Rat zum Berner Streit. Vgl. S. 115.

[4] Der Historiker Prof. Edgar Bonjour, der mit Barth und Feldmann befreundet war, hielt später in einem Vortrag fest, dass Feldmann sehr erbittert gewesen sei, dass Barth auf seine ausführliche Antwort nicht eingegangen sei. Er selber habe den Konflikt zwischen den beiden charaktervollen Männern kommen sehen und deshalb erwogen, sie in seinem Hause zu einem Gespräch zusammenzuführen, dann aber im Hinblick auf die total verschiedenen Standpunkte und Charaktere darauf verzichtet. Grundsätzlich habe er in diesem Streit auf Barths Seite gestanden. Barth sei aber Feldmann auch nicht gerecht geworden. E. Bonjour, Karl Barth und die Schweiz, 311.

Theologische Arbeitsgemeinschaft). Vor allem machte er aber Barth für Äusserungen seiner Anhänger verantwortlich. So zum Beispiel für die Verteidigung eines Bildes des christlichen Malers Willy Fries durch Pfarrer Emil Blaser, der der Theologischen Arbeitsgemeinschaft angehörte.[1] Auf dem Bild hatte Fries die Marterung und Folterung Jesu durch schweizerische Offiziere und Soldaten dargestellt. Dieses Bild löste in der schweizerischen Presse eine grosse Diskussion aus.[2] Die Frage war, ob Fries damit das Christusgeschehen auf legitime Weise aktualisiert habe oder ob es sich um eine «liederliche, infame Geschichtsfälschung» handle, wie Feldmann das Bild interpretierte.[3]

Danach zitierte Feldmann den Briefwechsel mit Pfarrer F. Leuenberger.[4] Dieser hatte gewagt, die Behauptung aufzustellen, dass die Schweiz durch eine Wehrlosigkeit aus Glauben (mit einem Verweis auf Gandhi) besser geschützt wäre als durch die Schweizer Armee. Feldmann fragte Barth, was von einer solchen «Kriegstheologie» zu halten sei, die von einer Kirche vertreten werde, welche beanspruche, dem Staat gegenüber ein «Wächteramt» auszuüben. Die Kirche habe sich dafür zuerst sachlich zu legitimieren, statt ein «Wächteramt» einfach zu beanspruchen.[5] Zudem machte er Barth verantwortlich für die Äusserungen des Kirchgemeindepräsidenten der Münsterkirchgemeinde, Fritz Wittwer, der allerdings nicht «Barthianer», sondern «Pietist» war.[6] Dieser hatte in einem Brief an Feldmann den Kommunismus als «Gericht» Gottes über den Kulturprotestantismus interpretiert. Daraus hatte er gefolgert, dass verantwortungsvolle Christen sich jetzt nicht in die Front des Westens ge-

---

1 Vgl. dazu die Mitgliederlisten der AG aus dieser Zeit (Dokumenten-Sammlung AG).

2 Vgl. dazu die Stellungnahme E. Blasers in den Basler Nachrichten am 18./19.8.51, die Leserbriefe in: Junge Kirche, Zürich November 1951 oder den Artikel von P. F. de Quervain, in: Horizonte, Evangelisches Monatsblatt, September 51. Interessant sind auch die Ausführungen Neidhardts, in: W. Neidhardt, Psychologie des Religionsunterrichts, 149f.

3 Feldmann, bei Barth, a.a.O., 234.

4 Vgl. S. 52ff.

5 Das heisst für Feldmann, dass sie verständlich und vernünftig zu argumentieren hat.

6 Vgl. Barth, a.a.O., 237, Anm. 25.

gen den Osten einspannen lassen dürften. Dazu bezeichnete er es als «ein Wagnis des Glaubens», dass die Kirche sich mit dem Staat verbunden habe. Dies veranlasste Feldmann zur Frage, ob die «barthsche» Richtung sich denn für die Kirche etwas verspreche von einem «a-Kulturchristentum, einem Unkulturchristentum, oder gar einem Antikulturchristentum». Das «Kulturchristentum» sei doch tausendmal höher zu werten, als das «Zuchthaus einer kommunistischen Diktatur».[1] Es sei nicht hinzunehmen, dass bei einem militärischen Überfall dieser von den Kanzeln als gerechtes Gericht Gottes hingestellt werde. Dieser «Defaitismus» untergrabe «die geistige, moralische und seelische Widerstandskraft von Volk und Armee».[2]

Weiter fragte er Barth, weshalb man denn eigentlich in der Kirche den Mut nicht aufbringe, auf die finanzielle Sicherung durch den Staat zu verzichten und sich von diesem zu trennen.

Um Barths «Herrschafts-, Macht- und Monopolansprüche» zu beweisen, kam Feldmann auf die Berufungsgeschichte von 1927, bei der Barth als Professor für systematische Theologie nach Bern hätte berufen werden sollen, zu sprechen. Die Berufung kam damals nicht zustande, weil Barth zwei für die Berner Regierung unerfüllbare Forderungen gestellt hatte. Barth verlangte, dass die Reformrichtung (die Liberalen) bei der Besetzung der andern Lehrstühle nicht von vornherein berücksichtigt werde, falls er gewählt würde.[3] Dazu verlangte er eine höhere Besoldung, als die ihm angebotenen 12'000 Schweizerfranken pro Jahr.

Barth hatte die erste Forderung gestellt, da zu gleicher Zeit sein Freund Albert Schädelin als Professor für praktische Theologie gewählt werden sollte. Bei einer Wahl Barths wäre aber anstelle von Schädelin als Ausgleich ein Vertreter der Reformrichtung gewählt worden. Über diese Richtung schrieb Barth damals dem Regierungsrat: «Die sogenannte liberale Theologie im Allgemeinen und die schweizerische Reformrichtung im ganz Besonderen hat nach meiner wohlüberlegten Ansicht nicht

---

[1] Feldmann, bei Barth, a.a.O., 240.
[2] Feldmann, bei Barth, a.a.O., 240.
[3] Vgl. im Folgenden Brief Barths vom 13.11.27 an Regierungsrat Merz, Direktor des Unterrichtswesens des Kantons Bern. Abgedruckt in: Kirche und Staat im Kanton Bern. Dokumente zur Orientierung des Grossen Rates, 41–45.

den Anspruch, von einer das Interesse der theologischen Fakultät und der Landeskirche ernstlich wahrenden Staatsregierung in der Weise jenes Beschlusses in Schutz genommen zu nehmen. Sie ist nicht eine ‹Richtung› in der protestantischen Theologie, deren Gleichberechtigung neben andern selbstverständlich vorauszusetzen wäre, sondern sie ist nach ihrer Entstehung und nach ihrem Bestande ein Fremdkörper in der Kirche der Reformation, von dem sich wieder zu befreien die theologische Wissenschaft heute auf der ganzen Linie im Begriffe steht, nachdem er übrigens seit der Überwindung des alten Rationalismus in Kirchen und Fakultäten sich nirgends zu solcher Breite hat entwickeln dürfen, wie dies eben in der Schweiz unter dem hier sehr unangebrachten Schutz des Proporzgedankens der Fall gewesen ist [...] so ist das eine bedauerliche Tatsache, die aber noch lange kein Grund sein kann, ihre Lebensdauer künstlich zu verlängern [...].»[1]

Dieser Brief, den Barth 24 Jahre zuvor geschrieben hatte, war für Feldmann ein Beweis für dessen Macht- und Herrschaftsansprüche.[2] Schon 1927 hatten die Berner Zeitungen Barth wegen seines angeblichen Pazifismus und wegen seiner mangelnden Staatstreue heftig angegriffen.[3] Anstelle Barths wurde damals der liberale Theologe Martin Werner gewählt. Barth selbst begrüsste den Ausgang der Wahl, weil er nach eigener Aussage schon seit seiner Jugendzeit die bernische Art nicht recht mochte.[4]

---

[1] Barth, a.a.O., 42.

[2] Isoliert betrachtet wirkt der Brief tatsächlich so. Der Tenor des Briefs zeugt vom grossen Selbstbewusstsein der dialektischen Theologen, die damals einen grossen Aufschwung erlebten. Welche Motive Barth aber zu diesem Brief veranlassten, wird aus dem Briefwechsel mit E. Thurneysen ersichtlich. Vgl. dazu K. Barth – E. Thurneysen, Briefwechsel, Band 2, 512ff., bes. 549ff. Barth wollte eigentlich gar nicht nach Bern kommen. Ihm war klar, dass die Berner Regierung nicht auf seine Forderungen eingehen würde. Aber er wollte den Faden nicht von sich aus abbrechen.

[3] Vgl. dazu E. Busch, Karl Barths Lebenslauf, 188.

[4] Edgar Bonjour betont dagegen, dass Barths Briefe und Gespräche bis ins hohe Alter voll von vertraulichen und versöhnlichen Erinnerungen an Bern waren. Vgl. dazu E. Bonjour, Karl Barth und die Schweiz, 304.

Für Feldmann zeigte Barths siebte Frage mit aller Deutlichkeit, dass dieser für sich in Anspruch nehme zu sagen, was «christliche Kirche» sei. Seine «verhüllte Absage an die Toleranz», sein «unverhülltes Bekenntnis zur geistlichen, theologischen Intoleranz» sage alles Notwendige. Diese Intoleranz sei aber unvereinbar mit dem bernischen Kirchengesetz. Barths Auffassung führe letztlich dazu, dass allen, die seine Theologie nicht akzeptierten, die christliche Gesinnung abgesprochen werde. Das Evangelium sei aber nicht identisch mit einer Theologie, auch nicht mit der «barthschen» Theologie. Der Staat habe sich auf Grund der klaren rechtlichen Lage, der verfassungsmässig gewährleisteten Glaubens- und Gewissensfreiheit, gegen Ansprüche zu widersetzen, die auf die Erklärung hinausliefen: «Was Christentum ist, bestimme ich».[1]

Barths vierte Frage beantwortete Feldmann dahin, dass es nicht auf dasselbe herauskomme, ob man in der «Katholischen Kirchenzeitung» positiv gewürdigt werde (wie Feldmann) oder in der kommunistischen Presse.[2]

Barths Aufforderung in seinem Vortrag im Berner Münster, die Kirche habe gegenüber dem Kommunismus auf jede Parteinahme zu verzichten, enthalte die Zumutung, dass die Schweiz überhaupt auf jede Stellungnahme gegenüber dem Kommunismus zu verzichten habe. Auf jeden Fall werde dadurch die Kirche an einem solchen Abwehrkampf desinteressiert und damit der kommunistischen Taktik Vorschub geleistet.

Dass Barth im Kommunismus eine «konstruktive Idee» (Lösung der sozialen Frage) sah, interpretierte Feldmann als Zugeständnis an den Kommunismus. Damit werde der Zweck durch die Mittel geheiligt.[3] Er fragte Barth, was ihn denn habe veranlassen können, den Diktator im Osten vom Diktator im Norden vorteilhaft abzuheben, «wenn nicht der Wunsch nach einer Reverenz vor dem Diktator im Osten». [4]

Weiter fragte er, ob denn der Wille zur Lösung der sozialen Frage im Osten wirklich grösser sei als im Westen. Der schweizerische Sozialstaat

---

1 Feldmann, bei Barth, Offene Briefe 1945–68, 244f.
2 Feldmann zählte nun sämtliche Zeitungsartikel in der kommunistischen Presse auf, in welchen Barth positiv erwähnt wurde.
3 Feldmann, bei Barth, a.a.O., 251.
4 Feldmann, bei Barth, a.a.O., 252.

habe es jedenfalls nicht nötig, von Barth «heruntergemacht» zu werden.[1] Er bestritt auch die These Barths, dass der Kommunismus nie den Versuch gemacht habe, «sich in ein christliches Gewand zu hüllen». Gerade der schweizerische Kommunismus nütze Barths Haltung gegenüber der Kirche Ungarns zu politischen Zwecken aus und interpretiere daraus eine Zustimmung Barths zum Kommunismus.[2] Der Staat werde sich aber den Tendenzen zur inneren Schwächung und Untergrabung des Widerstandswillens widersetzen müssen. Gerade auch dann, wenn diese von der Kirche her kämen. In der Wahl von kirchlichen Behörden und Geistlichen werde sich zeigen, wo die Mehrheit des Kirchenvolkes stehe, fuhr Feldmann fort.[3]

Auf Barths Frage, ob denn nicht auch die bernische Landeskirche in erster Linie Kirche Jesu Christi zu sein habe, antwortete Feldmann mit Artikel 60 des Kirchengesetzes. Danach bekenne sich zwar die Kirche in einer für den Staat verbindlichen Weise zum Evangelium Jesu Christi gemäss den Grundsätzen der Reformation. Da aber die «Freiheit der Lehrmeinung auf reformierter Grundlage» zu wahren sei, lehne es das bernische Kirchenrecht ab, das Bekenntnis der Landeskirche einer «autoritären Auslegung» zu unterwerfen, so dass die Zugehörigkeit zur bernischen Landeskirche nicht von der Unterwerfung unter eine «solche autoritäre Auslegung» abhängig gemacht werden könne. Dadurch schütze das Gesetz die Toleranz, die Barth und seine Anhänger ablehnen würden. Verfassungsrechtlich entspräche eine Kirche, die ausschliesslich von der «barthschen» Richtung bestimmt würde, nicht mehr einer Landeskirche nach Artikel 84 der bernischen Staatsverfassung, sondern nach Artikel 85 einer Freikirche.[4]

Um zu belegen, dass auch er der Meinung sei, dass es zwischen Kirche und Staat zu Spannungen kommen dürfe, zitierte Feldmann Passagen aus einer Rede, die er anlässlich der Einweihung der Petruskirche in Bern am 8. Mai 1949 gehalten hatte.[5]

---

[1] Feldmann, bei Barth, a.a.O., 253.
[2] Feldmann, bei Barth, a.a.O., 254.
[3] Feldmann, bei Barth, a.a.O., 255.
[4] Feldmann, bei Barth, a.a.O., 256.
[5] Abgedruckt in: Der Saemann, 1949, 105–107.

In dieser Rede hatte Feldmann festgehalten, dass die Landeskirche vom Staat nicht als «Dienerin» betrachtet werde etwa nach dem «primitiven Grundsatz: Wer zahlt, befiehlt». Die Kirche habe ihren Auftrag auch gegenüber dem Staat auszurichten. Nach Artikel 2 der Kirchenverfassung gelte das Wort Gottes für «alle Bereiche des öffentlichen Lebens». Die Kirche habe sich aber zu bemühen, die «Wahrheit kennenzulernen» und «erwiesene Tatsachen» gelten zu lassen. Feldmann forderte in seiner Rede aber eine «lebendige Kirche», auch wenn diese für den Staat gelegentlich «unbequem sein» werde.

Meinungsverschiedenheiten bestanden aber nach Feldmann zwischen ihm und Barth in der Einstellung der Kirche zum Staat als Institution, insbesondere zum demokratischen Staat.

An Barths Schrift «Christengemeinde und Bürgergemeinde» kritisierte Feldmann, dass es Barth darin abgelehnt hatte, das demokratische Staatskonzept «als das christliche gegen alle andern auszuspielen».[1] Die heutige Zeit verlange eine klarere Stellungnahme der Kirche zu den demokratischen Staatsgrundlagen. Er könne nicht verstehen, wie Barth dazu komme, in seiner Schrift die politischen Parteien als «krankhafte, auf jeden Fall nur sekundäre Erscheinungen» zu bezeichnen.[2] Wer die Existenzberechtigung der politischen Parteien verneine, sage damit auch «nein» zur Staatsform der Demokratie, was ein deutliches Anzeichen für die Distanz sei, mit welcher Barth und seine Anhänger seiner Meinung nach dem schweizerischen Staat gegenüber stünden. Feldmann liess die Frage offen, «ob und in welchem Mass dieses Desinteressement mit einem Grundzug Ihrer Theologie zusammenhängt, die, wenn ich sie richtig verstehe, dem Menschen im Prinzip überhaupt nichts rechtes zutraut, sondern ihn als verworfen, grundverdorben und verloren betrachtet»[3]. Es müsse einmal «von einem Vertreter eines demokratischen Staates» gesagt werden: «Mit Menschen, die sich jeden Tag von neuem

---

[1] Barth, Christengemeinde und Bürgergemeinde, 59. Barth weist als Begründung darauf hin, dass sich der Christ der Grenzen aller politischen Systeme bewusst sei. In der gleichen Schrift versäumt Barth aber nicht festzustellen, dass es vom Evangelium her «eine auffallende Neigung» zum demokratischen Staat gebe. Barth, a.a.O., 75f.

[2] Barth, a.a.O., 76f.

[3] Feldmann, bei Barth, Offene Briefe, 1945–68, 264.

ihre absolute Minderwertigkeit und Nichtswürdigkeit, ihre abgrundtiefe Verdorbenheit und hoffnungslose Verlorenheit bescheinigen lassen, baut und führt man keine Demokratie; die freiheitliche Staatsform ist darauf angewiesen, an gute Kräfte im Menschen zu appellieren: mit der prinzipiellen Geringschätzung des Menschen, mit der Negierung seines guten Willens schafft man ‹Menschenmaterial› für die Diktatur und keine Träger einer Demokratie.»[1]

Weiter schrieb Feldmann, dass die Kirche sich der Diskussion in einem demokratischen Staat nicht entziehen dürfe. Barth müsse sich gefallen lassen, dass seine politischen Äusserungen kritisiert würden, auch wenn diese mit dem Hinweis auf das Wort Gottes begründet würden. In der Schweiz könne niemandem, auch der Kirche nicht, ein Privileg auf «diskussionsloses autoritäres Politisieren» zuerkannt werden. Die Schweiz sei eine Demokratie, keine «Theokratie» geschweige denn eine «Theologokratie». «Politischer Dilettantismus» bleibe «politischer Dilettantismus», auch wenn er sich in ein «theologisches Gewand» hülle, und «Demagogie» bleibe «Demagogie», auch wenn man sie auf die Kanzel trage.[2]

Ende Juli 1951 gab die Staatskanzlei des Kantons Bern auf Veranlassung Feldmanns die Schrift «Kirche und Staat im Kanton Bern. Dokumente zur Orientierung des Grossen Rates» heraus. Nebst einem Brief der Direktion des Evangelischen Seminars Muristalden[3] und Auszügen aus

---

[1] Feldmann, bei Barth, a.a.O., 264f. Deutlich erkennbar wird in dieser Aussage Feldmanns Menschenbild, das von der Aufklärung und vom Idealismus geprägt ist. Feldmanns Interpretation ist eine Verzeichnung der Theologie Barths, der in seiner Theologie nicht müde wird, den Menschen als den von Gott Versöhnten und damit Gerechtfertigten darzustellen. Barth wehrt sich gerade dagegen, dass Gott auf Kosten des Menschen gedacht werden soll. Genau das meint Barth nicht: «Gott Alles, der Mensch Nichts» (KD IV/1, 94). Erst vom Evangelium her wird sich der Mensch seines Sünderseins ganz bewusst. Vgl. dazu: E. Jüngel, Barth-Studien, 180ff.

[2] Feldmann, bei Barth, a.a.O., 268.

[3] Mitte März war es im Grossen Rat zur Debatte über das Primarschulgesetz gekommen. Es stellte sich die Frage, ob in das neue Gesetz ein christlicher Zweckartikel aufgenommen werden sollte (Vgl. dazu Tagblatt des Grossen Rates, März 51, 74ff. und die Verhandlungen bei der zweiten Lesung des

Feldmanns Reden vor dem Grossen Rat enthielt diese Schrift den voll-
umfänglichen Briefwechsel zwischen Barth und Feldmann[1]. Barth wurde
weder gefragt, ob er mit der Veröffentlichung einverstanden sei, noch
wurde ihm ein Exemplar zugeschickt.[2] Dafür wurde an die Schweizer
Zeitungen ein Exemplar geschickt, was diesen in der eher ereignislosen
Ferienzeit sehr gelegen kam. Die Veröffentlichung des Briefwechsels
schlug in der Schweiz wie ein Blitz aus heiterem Himmel ein. Gegen Karl
Barth begann eine grosse Pressehetze.

Gesetzes im September 1951, 477ff.). Feldmann war der Auffassung, dass
die konfessionellen Streitigkeiten nicht auch noch in die Schule getragen
werden sollten. Vor dem Grossen Rat griff er die Leitung des Seminars Muristalden, dessen Direktor, Pfr. A. Fankhauser, als «Barthianer» galt, an. Die
Leitung des Seminars Muristalden hatte jahrelang vergeblich darum gekämpft, dass auch seine Schüler staatliche Stipendien erhielten. Darüber hinaus setzte sich die Leitung der Schule vehement für einen christlichen
Zweckartikel im Primarschulgesetz ein (vgl. dazu die Jahresberichte des Seminars und die «Blätter vom Muristalden» aus dieser Zeit, aber auch den
Aufsatz «Zur Diskussion über den Unterrichtsplan für ‹Religion› für die
deutschen Primarschulen des Kantons Bern» von F. Leuenberger, abgedruckt in: Festschrift für D. Albert Schädelin, hrsg. von H. Dürr u. a., Bern
1950, 165ff.). Feldmann sagte vor dem Grossen Rat, dass die Leitung des
Seminars, die religiöse Toleranz im Prinzip verneine und für sich allein in
Anspruch nehme, darüber zu entscheiden, was christlich sei. Neben einer
«Bekenntniskirche» solle nun auch noch eine «Bekenntnisschule» errichtet
werden. Die Antwort der Direktion des Seminars auf diesen Angriff, die in
die von Feldmann herausgegebenen Dokumente aufgenommen wurde,
bezeichnete Feldmann später als «Anlass zur Veröffentlichung der Dokumente». In dieser Antwort hatte sich die Direktion entschieden gegen die
Vorwürfe Feldmanns gewehrt. In der zweiten Lesung des Gesetzes wurde
der Zweckartikel schliesslich (nach Rücksprache mit dem Synodalrat) fol-
gendermassen umschrieben: «Die Erziehung in der Schule soll dazu beitragen, die Ehrfurcht vor Gott und in christlichem Sinne den Willen zu gewis-
senhaftem Handeln gegenüber dem Mitmenschen zu wecken.» Artikel 1 Ab-
satz 3.

[1] Auf die entscheidenden Problemkreise, die im Briefwechsel aufgeworfen
     wurden, werde ich später eingehen. Vgl. S. 125ff.
[2] Vgl. dazu: A. Frey, Kirchenkampf?, 10.

7.8 Die Pressereaktionen auf die Veröffentlichung des Briefwechsels

In fast allen Schweizer Zeitungen wurde über den Briefwechsel berichtet.[1] Da Feldmann für die bevorstehende Bundesratswahl im Dezember 1951 allgemein als Favorit angesehen wurde, war das Interesse an seiner Person in der Presse sehr gross. In verschiedenen Zeitungen wurde gefragt, ob Feldmann wohl aus diesem Grund den Briefwechsel veröffentlicht habe.[2]

Barth selbst schrieb schmunzelnd seinen Berner Freunden, nachdem Feldmann tatsächlich in den Bundesrat gewählt worden war, ihm sei verschiedentlich gratuliert worden, dass er diesen Bundesrat «erzeugt» habe.[3] Grosses Interesse zeigte die Presse auch an Karl Barth, dem streitbaren Theologen aus Basel.[4]

In vielen Zeitungen wurde nicht nur der Briefwechsel zusammengefasst oder teilweise abgedruckt, sondern es wurden auch Kommentare dazu geschrieben, die dann entsprechend viele Leserbriefe hervorriefen. Verschiedene Zeitungen nahmen den Briefwechsel zum Anlass, eine Grundsatzdebatte über das Verhältnis von Kirche und Staat zu führen. Verschiedene Theologen, Politiker, Journalisten, aber auch Juristen und Philosophen, nahmen in längeren Artikeln Stellung zur dialektischen Theologie, zu Karl Barth und dessen Verständnis von Kirche und Staat.[5]

Etwa zwei Drittel der Pressestimmen nahmen Partei für Feldmann. In verschiedenen Zeitungen wurde die Auseinandersetzung auf beachtli-

---

[1] Sammlungen von Presseberichten zur Auseinandersetzung Barth – Feldmann sind zu finden im Karl Barth-Archiv (über 238 Artikel), im Archiv des Berner Synodalrates (deponiert im Staatsarchiv), im Dossier der Kirchendirektion und in der Dokumenten-Sammlung der Theologischen Arbeitsgemeinschaft des Kantons Bern (deponiert im Staatsarchiv). Verschiedene ältere Pfarrer besitzen privat zum Teil grosse Sammlungen. Barth hatte «Argus International de la Presse», einen «Zeitungsausschnittdienst», beauftragt, die Zeitungsberichte für ihn zu sammeln, was er in anderen Auseinandersetzungen sonst nicht zu tun pflegte.

[2] Vgl. dazu etwa: Thurgauer Tagblatt, 22.9.51 oder Basler Nachrichten, 18./19. 8.51.

[3] Brief Barths an die AG vom 17.12.51 (Dokumenten-Sammlung AG).

[4] Vgl. dazu etwa: St. Galler Tagblatt, 28.7.51.

[5] So etwa in verschiedenen Artikeln im Berner Bund.

chem Niveau ausgetragen. Etwelche Zeitungen liessen es aber an Anstand fehlen und attackierten Barth auf polemische Weise. Manch einer ergriff die Gelegenheit, um dem unbequemen Theologieprofessor und überhaupt den «politisierenden» Pfarrern eins auszuwischen. Vieles wurde verzerrt dargestellt oder einfach aus grossen Zeitungen, vorab aus der «Neuen Zürcher Zeitung», abgeschrieben. Erstaunlich aber ist die Tatsache, dass sich damals eine breite Öffentlichkeit mit theologischen Fragen auseinander setzte und mit grossem Ernst darum stritt.

Ich kann nur auf einige wenige der über 300 Pressestimmen, die ich zur Auseinandersetzung Barth – Feldmann gefunden habe, eingehen.

Am heftigsten wurde Barth in der sozialdemokratischen Presse angegriffen. So wurde in der «Berner Tagwacht» das Vorgehen Feldmanns begrüsst, da man nicht mehr länger einverstanden sein könne, dass «eine dogmatisch engstirnige Gruppe von Geistlichen» ihren Einfluss dahingehend missbrauche, von der Kanzel herab der «kommunistischen Politik des Landesverrats» Vorschub zu leisten.[1] In der «Volksstimme St. Gallen» wurde unter dem Titel «Verblendung eines Diktators» festgestellt, dass Barth offensichtlich die Meinung der Diktaturvölker teile, dass die Toleranz «für die, die recht hätten», eine «unerträgliche Zumutung» darstelle.[2] Barths «theologisches Unternehmen» wurde von der gleichen Zeitung als «frech» und «heimtückisch» bezeichnet.[3]

Die Angriffe in der sozialdemokratischen Presse sind umso erstaunlicher, weil Barth selbst 1915 in Safenwil Mitglied der sozialdemokratischen Partei geworden war.[4] Seit die Partei sich aber 1935 ganz hinter die schweizerische Landesverteidigung gestellt hatte und seit sie (1943) im Bundesrat vertreten war, war sie bestrebt, ihre Staatstreue unter Beweis zu stellen und sich vor allem von der kommunistischen Partei (PDA) abzugrenzen. Da in der kommunistischen Presse die Haltung Barths im Ost-West-Konflikt mehrmals positiv gewürdigt worden war, stellten sich die Sozialdemokraten nun entsprechend auf Feldmanns Seite.

Dass 1951 die ökumenischen Bestrebungen noch nicht sehr weit gediehen waren, zeigen die verschiedenen Stellungnahmen der katholischen

---

[1] Berner Tagwacht, 2.8.51.
[2] Volksstimme St. Gallen, 6.9.51.
[3] Volksstimme St. Gallen, 29.9.51.
[4] Vgl. dazu E. Busch, Karl Barths Lebenslauf, 94.

Zeitungen zum Streit zwischen Barth und Feldmann. Die Abrechnung Feldmanns mit der dialektischen Theologie und überhaupt mit dem Protestantismus wurde allgemein begrüsst. Die Auseinandersetzung wurde als Beweis dafür genommen, dass der Protestantismus sich eben von Natur aus schwer tue, mit dem Staat in ein rechtes Verhältnis zu kommen.[1] Interessanterweise hatte Feldmann zur katholischen Kirche ein sehr viel besseres und unverkrampfteres Verhältnis als zu seiner eigenen reformierten Kirche.

Auch die Berner Zeitungen stellten sich mehrheitlich hinter den Kirchendirektor. Im «Bund» wurde zwar eingeräumt, dass der Staat es nötig habe, vom Evangelium her kritisch beleuchtet zu werden. Das Schweizer Volk besitze aber bei allen Fehlern, die ihm die Kirche vorwerfen könne, «durchschnittlich mehr politischen Verstand, als einige Lehrmeister» glaubten oder selber besässen.[2] Im jetzigen ideologischen «Weltkampf» stünde auch das Schicksal des Schweizer Volkes auf dem Spiel, so dass alle aufgerufen seien, sich den Gefahren entgegenzuwerfen, auch die reformierte Kirche als «machtvoller geistigmoralischer Faktor».[3] Im «Emmentaler Blatt» wurde von der Kirche ebenfalls ein entschlossenes Wort gegenüber dem Kommunismus gefordert. Wo «der Teufel am Werk» sei, dürfe die Kirche nicht schweigen. Von der Theologie werde erwartet, dass sie sich nicht in «frommen Sätzen und tiefen Darlegungen über die Dreieinigkeit Gottes» erschöpfe, sondern, dass sie sich im Alltag in einem «verantwortungsvollen ethischen Denken und Handeln» auswirke, was Barth in seinem immer «unverständlicher» werdenden «Schwärmertum» übersehe.[4]

Im «Bund» griffen auch verschiedene Theologen in die Auseinandersetzung ein. Martin Werner stellte in einem ausführlichen Artikel den Lesern die dialektische Theologie vor. Dabei war es Werners Ziel zu beweisen, wie unwissenschaftlich Barths Theologie sei, da nach Barth, wie auch nach dem päpstlichen Lehramt in Rom, die Theologie sich als «kirchliche Wissenschaft» nur an kirchliche Voraussetzungen zu halten

---

1 Vgl. dazu etwa: Rorschacher-Zeitung, 4.8.51; Bündner Tagblatt, 22.8.51, 17. und 19.9.51 oder Schweizerische Kirchen Zeitung, 23.8.51.
2 Der Bund, 20.8.51.
3 Der Bund, 29.8.51.
4 Emmentaler Blatt, 7.9.51.

habe. Schon das Mindestpostulat der Widerspruchsfreiheit, wie es der heutige Wissenschaftsbegriff fordere, werde von Barth missachtet, so dass «getrost» Beliebiges behauptet werde, wodurch die dialektischen Theologen einander oft selbst nicht mehr verstünden. Die Möglichkeit einer objektiven historischen Forschung werde von Barth verneint, geschichtliche Tatsachen würden nur dann ernst genommen, wenn sie gerade gebraucht werden könnten. Angesichts der theologischen Methode Barths sei es fraglich, ob «eine sachlich ernsthafte Diskussion überhaupt noch möglich sei». Mit Genugtuung stellte Werner fest, dass die liberale Theologie, welche Barth vor dreissig Jahren für «tot» erklärt habe, «nicht auf Befehl gestorben» sei und «erst recht auf eine bessere Zukunft hin am Leben zu bleiben» gedenke.[1]

Ulrich Neuenschwander[2] warf im «Bund» den dialektischen Theologen vor, dass es ihnen letztlich gar nicht so sehr um ein Wiederaufleben der reformatorischen Theologie gehe, sondern vielmehr «um die Aufrichtung eines straffen kirchlichen Bekenntnisses», das erlauben würde, abweichende Meinungen in der Kirche zu unterdrücken.[3] Dies war überhaupt allgemein die Befürchtung der liberalen Theologen. Pfarrer P. Tenger behauptete, dass die dialektischen Theologen jede «freier gerichtete Theologie» aus der Kirche «herausschwitzen» wollten.[4] Entsprechend wurde von liberaler Seite das Vorgehen Feldmanns auf der ganzen Linie begrüsst.[5]

Aber auch die kirchliche Rechte, die Positiven, stellten sich teilweise hinter Feldmann. Pfarrer H. Haller hielt in einem Artikel fest, dass es unter den Positiven keinen einzigen Vertreter gebe, der mit den «Kirchenfürsten hinter dem eisernen Vorhang fraternisieren» würde. Feldmanns Vorgehen gegen die extremen dialektischen Theologen werde deshalb von positiver Seite begrüsst.[6] Die Positiven gaben allerdings in einer im «Bund» veröffentlichten Erklärung Barth darin recht, dass der

---

[1] Der Bund, 24./25.8.51.

[2] U. Neuenschwander war damals Privatdozent für systematische Theologie an der Universität Bern. Vgl. dazu: Guggisberg, a.a.O., 318.

[3] Der Bund, 7.11.51.

[4] Der Bund, 21.8.51.

[5] Vgl. dazu etwa den Artikel von Pfr. H. Proschaska im Bund vom 8.8.51.

[6] Der Bund, 21.8.51.

Mensch nach reformatorischer Lehre als «sündiges Wesen» anzusprechen sei. Es gehe nicht an, dass Menschen wegen ihrer evangelisch-reformierten Haltung vom Staat als «Demokraten zweiter Ordnung betrachtet» würden.[1]

In einer «hitzigen» Unterredung mit Feldmann stellten sich die Positiven später noch deutlicher hinter Karl Barth und seine Anhänger. Vor allem verteidigten sie erneut das biblisch reformatorische Menschenbild gegenüber Feldmann.[2]

Als der bekannte Philosophieprofessor H. Gauss in einem Artikel «Zur Frage der dialektischen Theologie»[3] den dialektischen Theologen den Vorwurf machte, sie achteten die «Wahrheitsforschung» wenig und machten das, was ihnen als Wahrheit erscheine, «nun auch schon als Wahrheit an sich für alle verpflichtend» und seinen Artikel mit der Aufforderung beendete, dass «alle Menschen eine gewisse Verpflichtung dazu» hätten, «intelligent zu sein – auch die Theologen», konnte Barth, der sonst auf keinen Angriff in der Presse reagierte, nicht mehr schweigen. Er schrieb Gauss einen Brief, worauf ihm dieser mit «noch üblerem Gehechel» antwortete und ihm drohte, den Briefwechsel nach dem Vorbild von Feldmann publik zu machen.[4]

Zu den grossen ausserkantonalen Zeitungen, die sich differenziert auf die Seite Feldmanns stellten, gehören die «Neue Zürcher Zeitung» (NZZ) und die «National-Zeitung Basel». Unter dem Titel «Eine fragwürdige Strömung im Protestantismus» wurde in der NZZ der ganze Konflikt ausführlich dargestellt. Es wurde dabei gegen Barth eingewendet, dass er sich durch «seine strikte Ablehnung des Naturrechts und die Reduktion der kirchlichen Arbeit auf Verkündigung und Hören des Worts» die Möglichkeit einer wirklichen Begegnung zwischen Kirche und Staat verbaue. Barth verhindere durch die Betonung der «Fremdheit» und «Unfassbarkeit» der göttlichen Botschaft das zwar «unvollkommene, aber immerhin fruchtbare» Christentum der Tat.[5]

---

[1] Der Bund, 6.10.51.
[2] Vgl. dazu E. Blum, Als wäre es gestern gewesen, 294–298.
[3] Der Bund, 23.8.51 und Schaffhauser Nachrichten, 15.9.51.
[4] Brief Barths an seine Frau Nelly vom 27.8.51 (Karl Barth-Archiv).
[5] NZZ, 6.8.51.

Max Hagemann, der Herausgeber der «National-Zeitung Basel», forderte in einem Brief Eduard Thurneysen auf, dafür zu sorgen, dass in Basel der Kirchenfrieden bewahrt werde. Seine freisinnigen Freunde beklagten sich in verschiedenen Briefen an die «National-Zeitung» darüber, dass von «barthianischer» Seite vermehrt gegen die freisinnige Richtung polemisiert werde. Er selbst hätte diese Briefe bisher nicht veröffentlicht, damit der Berner Streit sich nicht auch noch auf Basel ausdehne. Da Karl Barth auf der persönlichen Ebene «offenkundige Schwächen» aufweise, bestehe die Gefahr, dass seine Person öffentlich «zur Diskussion gestellt werden müsste». Er selbst werde dies verhindern, wenn Thurneysen sich dafür einsetze, dass die Liberalen von der «barthschen» Seite nicht mehr attackiert würden.[1]

Fritz Buri, der eben zum Theologieprofessor gewählte liberale Theologe, nahm daraufhin in der «Nazional-Zeitung» Stellung zur Kontroverse Barth – Feldmann. Er griff Barth zwar nicht auf der persönlichen, dafür aber umso polemischer auf der theologischen Ebene an, so dass die Liberalen selber zum Streit um Barth nicht eben wenig beitrugen. Im Wesentlichen warf Buri Barth Unwissenschaftlichkeit und einen gewaltsamen Umgang mit den biblischen Texten vor.[2]

Ebenfalls in der «National-Zeitung» war allerdings zuvor gegen Feldmann festgehalten worden, dass die Kirche mit «ihren Vorbehalten allem Menschlichen gegenüber auch vor der Sphäre des Staates nicht halt machen» könne, auch vor der Schweiz nicht.[3]

Der Berner Ethiker Alfred de Quervain schrieb in einem längeren Artikel im «Bund»[4], dass Barth weder die Notwendigkeit der schweizerischen Wehrbereitschaft bestreite noch eine intolerante Theologie vertrete. Dabei verwies er auf den eben erschienenen Ethikband in Barths Kirchlicher Dogmatik, in welchem dieser sich positiv zur schweizerischen Landesverteidigung äussere.[5] Barth selbst warne im Übrigen seine Schüler vor Intoleranz und blinder Anhängerschaft.

---

1 Brief von Max Hagemann an Eduard Thurneysen vom 1.10.51 (Karl Barth-Archiv).
2 National-Zeitung Basel, 20.9.51 und 28.10.51.
3 National-Zeitung Basel, 27.7.51.
4 Bund, 18.8.51.
5 Vgl. dazu KD III/4, 529.

Vor allem in Leserbriefen stellten sich viele Pfarrer hinter Barth und verwahrten sich gegen die Angriffe Feldmanns und der Presse.[1] Auch zwei kleine Berner Zeitungen stellten sich auf Barths Seite: die «Volks-Zeitung» von Spiez und das «Oberländische Volksblatt». In der «Volks-Zeitung» wurde in einem Leserbrief festgestellt, dass es schon erstaunlich sei, «dass die Regierung in einer offiziellen, ‹staatseigenen› Publikation auf Staatskosten eine Reihe von Schriftstücken publiziere und einseitig beurteile, die teils rein privaten Briefwechseln» angehörten.[2] In einem Artikel wurde Feldmann zu bedenken gegeben, dass die Freiheit und Demokratie letztlich «Früchte des Christentums» seien. Wo deshalb die religiöse Grundlage zerstört werde, sei es um das «Gewissen» und die «Selbstverantwortung» des Menschen geschehen und damit letzten Endes auch um die Demokratie.[3] Im «Oberländischen Volksblatt» wurde Barth recht gegeben, dass es in der Kirche keine völlig uneingeschränkte Toleranz geben könne. Eine Kirche, die jede beliebige Meinung und Anschauung als gleichberechtigt anerkennen würde, wäre «keine christliche Kirche» mehr.[4] Ähnlich urteilte in der NZZ der Theologe und sonst «barthkritische» Max Schoch. Die innerkirchliche Toleranz sei in der Kirche «noch viel weniger als im demokratischen Staat eine grenzenlose», gab Schoch Barth recht. Sie sei vielmehr durch das reformierte Bekenntnis beschränkt. Durch die Freiheit der Lehrmeinung dürfe «die Konfession der Kirche» nicht angetastet werden, so dass sich Barth «sowohl theologisch als auch formal-juristisch im Recht» befinde. Die geistige Intoleranz fliesse gerade «aus der berechtigten Sorge um den reformierten Charakter der Landeskirche». Was «christlich» und «reformiert» sei, habe allein die Kirche zu erforschen. Es sei auch allein ihre Sache, was sie tolerieren wolle und was nicht.[5]

---

[1] Vgl. etwa: Der Bund, 22.8.51.

[2] Volks-Zeitung, 13.8.51. Der Vorwurf, dass Feldmann einen «privaten» Kampf gegen Barth mit Steuergeldern geführt habe, wurde in verschiedenen Zeitungen erhoben. In der Thurgauer Zeitung aus Frauenfeld wurde am 11.8.51 entsprechend festgestellt: «Ohne Zweifel ist hier der Bürger und Politiker dem Amtsmann durchgebrannt».

[3] Volks-Zeitung, 3.12.51.

[4] Oberländisches Volksblatt, 10.11.51.

[5] NZZ, 17.11.51.

In den «Basler Nachrichten» wurde in einem Artikel mit dem Titel «Mc. Carthy [sic] in der Schweiz» festgehalten, dass «jede Religion per definitionem dogmatisch intolerant» sei. Feldmann, dessen Methoden im Kampf gegen den Kommunismus ganz an diejenigen von McCarthy erinnerten, greife deshalb nicht nur das «Bekenntnischristentum», sondern den Glauben überhaupt an[1].

Im «Thurgauer Tagblatt» wurde die Art und Weise, wie Feldmann durch die Gesetzgebung über theologische Fragen entscheiden wolle, entschieden zurückgewiesen. Feldmann masse sich autoritär Kompetenzen an, die «bedenklich nach Volksdemokratie und Totalitarismus» riechen würden. Er habe der Kirche weder «Anschauungen» aufzuzwingen, noch sich in deren Angelegenheiten zu mischen.[2]

In der «Arbeiter-Zeitung» schrieb der Basler Professor Fritz Lieb in einer Bettagsbetrachtung, dass die Berner reformierte Kirche immerhin den Anspruch erhebe, sich zum Evangelium Jesu Christi zu bekennen. Von daher frage er sich, warum der Kirchendirektor sich nicht darum kümmere, dass in Bern ein Mann Dogmatik lehre (gemeint ist Martin Werner), «der zwar ein guter Mensch sein» möge, «aber mit den von ihm vertretenen Ansichten zu der dogmatischen Professur», die er inne habe, «wie ein Bock zum Gärtner» passe. Ein solcher theologischer «Abbruch-Honegger» mache offenbar dem Kirchendirektor «nicht im geringsten soviel Beschwerden wie ein Karl Barth». Kierkegaard habe böse erklären können, «es gäbe Pfaffen, die sich dafür bezahlen liessen, dass Jesus Christus für sie gestorben sei». Heute würden christliche Professoren vom Staat dafür bezahlt, dass sie verkündeten, Christus sei nicht für uns gestorben, fuhr Lieb polemisch fort. Für Feldmann falle letztlich die Bejahung einer bestimmten Staatsauffassung «mit einer handfesten Kirchengesinnung» zusammen, «wie es sich für einen rechten Berner Bürger» gehöre. Das sei letztlich nichts anderes als «Staatskonformismus» (Staatsgleichschaltung). An die Stelle des berüchtigten «deutschen Christentums» trete, wenn auch in «harmloserer Form», ein «Berner Christentum».[3]

---

[1] Basler Nachrichten, 10.12.51.
[2] Thurgauer Tagblatt, 22.9.51.
[3] Arbeiter-Zeitung, Basel, 15./21./28. Sept. 51.

Auch Feldmann wurde also von verschiedener Seite heftig und polemisch angegriffen. Vor allem sein Satz, dass man mit Menschen, die sich täglich ihrer «Verlorenheit» bewusst seien, keine Demokratie bauen könne[1], wurde in vielen Zeitungen (vor allem in Leserbriefen) scharf kritisiert. Feldmann habe dadurch sein völliges Unverständnis für die paulinische Rechtfertigungslehre und die reformierte Gnadenlehre an den Tag gelegt und damit den christlichen Glauben «verhöhnt», war etwa in einem Leserbrief in der «Appenzeller-Zeitung» zu lesen.[2] Im «Anzeiger von Uster» wurde festgestellt, «die Botschaft von der Verlorenheit des Menschen und seiner Rettung allein durch den Glauben», sei nun einmal die Botschaft der Bibel, ob uns das passe oder nicht.[3] Die dialektische Theologie wisse zwar «von des Menschen Elend», aber sie wisse «als christuszentrierte Theologie» noch viel mehr von des Menschen Erlösung. Und gerade diese «erlösten und erneuerten» Menschen seien es, auf die eine Demokratie ganz besonders angewiesen sei, schrieb ein Pfarrer in der «Bodensee-Zeitung».[4] Es sei immerhin keine alltägliche Sache, wenn ein Regierungsrat «von Amtes wegen» eine Schrift herausgebe, «welche eine von keiner christlichen Konfession bezweifelte Lehre der heiligen Schrift» grundsätzlich angreife.[5]

In der «Wochen-Zeitung» von Zürich wurde festgestellt, dass Feldmann nur deshalb von Barth Toleranz fordern könne, weil er selbst den Bekenntnissen indifferent entgegenstehe und «typisch rationalistisch beinahe amtsmässig» reagiere. Es sei schon erstaunlich, wie lange es gehe, «bis sich der Westeuropäer von der ‹Aufklärung› erholt» habe. Der «religiöse Mensch» bleibe schliesslich der Überlegene. Wer mit Barth streiten wolle, müsse schon zuerst seine Schriften gelesen haben und ihn nicht einfach für Torheiten seiner Schüler verantwortlich machen.[6]

In der «Solothurner-Zeitung» wurde dem Erstaunen Ausdruck gegeben, dass eine Kirche, welche sich ihre freie Meinungsäusserung be-

---

1 Vgl. S. 98f.
2 Appenzeller-Zeitung, 3.8.51. Vgl. dazu auch die Ausführungen von Pfr. A. Fankhauser in: Jahresbericht vom Muristalden 1950/51, 13.
3 Anzeiger von Uster, 27.10.51.
4 Schweizerische Bodensee-Zeitung, 8.8.51.
5 Die Tat, Zürich, 11.11.51.
6 Die Wochen-Zeitung, Zürich, 23.8.51.

wahre, als «demokratiefeindlich» und «prorussisch» hingestellt werde. Um eine Demokratie, welche Kritik nicht mehr ertragen könne, müsse es «bös bestellt» sein.[1]

Die kirchlichen Blätter stellten sich je nach theologischer Richtung auf die eine oder andere Seite.[2] In den «Neuen Wegen», dem Organ der religiösen Sozialisten, schrieb Hugo Kramer, dass der Vorwurf der Intoleranz schon einer der beliebtesten und grundlosesten Anklagen gegen Leonard Ragaz gewesen sei. Intoleranz, «die aus dem Eifer für eine Wahrheit» stamme, sei aber der Toleranz «eines seichten Allerweltsliberalismus», der keine absolute Wahrheit mehr kenne und darum umso häufiger mit «einem persönlichen Autoritätsgeist» verbunden werde, tausendmal vorzuziehen.[3] Im «Kirchenblatt für die reformierte Schweiz» drückte Chefredaktor Gottlob Wieser sein Bedauern darüber aus, dass auch die neutrale Schweiz dermassen unter dem Druck des Kalten Kriegs stehe, dass jeder, der eine unbequeme Meinung äussere, gleich als Feind des Vaterlands verdächtigt werde. Man wolle zwar die Freiheit gegen die Diktatur verteidigen, lasse sich dabei aber gerade von den Diktatoren Methoden aufzwingen, «durch die man die Freiheit und damit die Abwehrkraft der Demokratie aufs schwerste» gefährde. Von der Kirche erwarte Feldmann, dass sie Grundsätze des Staates übernehme (die Toleranz als obersten Grundsatz), die das Wesen der Kirche bedrohten.[4]

Auch im Ausland wurde über die Auseinandersetzung zwischen Barth und Feldmann berichtet. Vorab natürlich in Deutschland, wo sich die Presse mehrheitlich auf die Seite Feldmanns stellte und die Auseinandersetzung zum Anlass genommen wurde, gegen Barth und seine deutschen Freunde Gustav Heinemann und Martin Niemöller zu polemisieren. So wurde etwa in der «Deutschen Rundschau» aus Gelsenkir-

---

[1] Solothurner-Zeitung, 29.9.51.

[2] Vgl. dazu etwa das Schweizerische Reformierte Volksblatt, Schrift für freies Christentum, 4.8.51.

[3] Neue Wege, Zürich, Sept. 51.

[4] Vgl. KBRS, 108 (1952), 25–27. Interessant sind auch die Stellungnahmen in kleinen kirchlichen Gemeindeblättern. Zum Beispiel: Evangelischer Kirchenbote, Diessenhofen, Febr. 52 oder Kirchgemeindeblatt Mett und Madretsch, Nov. 51.

chen vermerkt, dass Barth mit seinen «politischen Ausfällen» nicht nur die Schweizer Bürger ärgere. Seine «gefährlichen politischen Spielereien» hätten ihre Wirkung auch weit über die Landesgrenzen. Feldmann habe mit seiner Schrift auf die «tiefsten Gefahren» dieses «schillernden Geistes» hingewiesen.[1]

Feldmann und Barth sind in einer Art in die Schlagzeilen gekommen, wie es in der Schweiz damals nicht üblich war. Ob sich die grosse Publizität für Feldmann positiv für die Wahl in den Bundesrat ausgewirkt hat, ist schwer zu entscheiden. Feldmann wurde mit einem Glanzresultat gewählt. Nachdem ein Pfarrer im «Unteremmentaler» nach der Wahl Feldmanns schrieb, dass es sich dabei um eine «politische Gebetserhörung» handle, war auch Barth mit einem Schmunzeln bereit, diesen von nun an als «Obrigkeit» anzuerkennen.[2]

Immerhin fielen in der Vereinigten Bundesversammlung auch drei Stimmen auf Karl Barth. Zugleich wurde ihm von der britischen Königin «The King's Medal for Service in the Cause of Freedom« verliehen. Mit Befriedigung stelle Barth fest, dass er nun von höchster westlicher Seite von allem Verdacht des Kommunismus gereinigt sei.[3]

7.9 Die Reaktion Karl Barths und der Berner Kirche auf die Veröffentlichung des Briefwechsels

Karl Barth reagierte auf die Veröffentlichung des Briefwechsels und die Angriffe in der Presse zum Erstaunen der schweizerischen Öffentlichkeit nicht. Eine Begründung für dieses Verhalten gab er in dem mitten im

---

[1] Vgl. Deutsche Rundschau Gelsenkirchen, Okt. 51. Vgl. dazu auch: Merkur, Stuttgart und Baden-Baden, Dez. 51. In Göttingen wurde sogar ein interdisziplinäres Seminar von Kirchenrechtler Smend zur Kontroverse Barth – Feldmann abgehalten. Vgl. dazu Brief Barths an die AG vom 24.3.52.

[2] Vgl. dazu Brief Barths an Bernische Pfarrer vom 21.12.51, abgedruckt in: K Barth, Offene Briefe 1945–68, 289–293.

[3] Vgl. dazu E. Busch, Karl Barths Lebenslauf, 399.

Pressesturm verfassten Schlussabschnitt seines Ethikbandes über «die sich nicht wehren müssende Ehre».[1]

Seinen Berner Freunden schrieb Barth, er finde, dass, wo so viele redeten und schrieben, auch jemand lesen und zuhören müsse und «dieser Jemand könnte eigentlich ich sein»[2].

Feldmann schrieb in seinem Tagebuch zum Schweigen Barths, dass die Veröffentlichung des Briefwechsels eine sehr «akzentuierte» und gesamtschweizerische Entwicklung genommen habe und dass die Reaktion der «Gegenseite bisher null bis schwach» sei.[3]

Seiner Frau schrieb Barth, dass er in seinem Leben ja «schon viel Derartiges ausgehalten» habe und «auch diesmal bis jetzt noch keine Minute weniger geschlafen» habe.[4] Gegenüber seinem Sohn Christoph schrieb er, die Broschüre von Feldmann habe ihn «mitten in einen echt helvetischen Pressesturm versetzt [...] Lauter dumme, alte Geschichten [...] Das schwatzt nun an Hand jener Broschüre zwischen Alpen und Jura eine Zeitung der andern nach samt den entsprechenden Kommentaren»[5]. Gegenüber Eduard Thurneysen, der die Sache sehr viel ernster als Barth nahm, versicherte er, es handle sich im Berner Streit wohl «mehr um Seldwyla als um die grosse Hure Babylon»[6].

Als allerdings die Angriffe auf Barth nicht aufhören wollten, begann er unter einer depressiven Stimmung zu leiden, wie er seinem Freund Arthur Frey, dem Leiter des Evangelischen Verlags Zürich, schrieb. Es «wurme» ihn mit der Zeit schon, dass nun so viele «ihre Schuhe ‹an ihm› abgeputzt» hätten, gestand er seinem Freund.[7] Dieser verfasste nun seinerseits seine Schrift «Kirchenkampf?» als Antwort an Regierungsrat

---

1 KD III/4, 744ff.
2 Brief Barths an Bernische Pfarrer vom 21.12.51, abgedruckt in: K. Barth, Offene Briefe 1945–68, 289–293, hier 291.
3 Feldmann, Tagebuch, 12.8.51.
4 Brief Barths an seine Frau Nelly vom 6.8.51 (im Karl Barth-Archiv).
5 Brief Barths an Christoph Barth vom 25.8.51 (im Karl Barth-Archiv).
6 Vgl. zu Barths Äusserung gegenüber Thurneysen den Brief Barths an Albert Schädelin vom 10.9.51 (im Karl Barth-Archiv).
7 Brief Barths an Arthur Frey vom 8.10.51 (im Karl Barth-Archiv).

Feldmann.[1] Indem er den Vorwürfen Feldmanns eine Reihe von Zitaten aus Schriften Barths und der Kirchlichen Dogmatik entgegensetzte, versuchte Frey zu belegen, wie unbegründet die Vorwürfe gegenüber Barth seien in Bezug auf seine angebliche Neutralität gegenüber dem Kommunismus, sein Desinteresse an den demokratischen Grundlagen der Schweiz und seinen Versuch, in der Kirche eine autoritäre Theologie aufzurichten, die zu einer Absage der Toleranz führe.

Ganz schweigen konnte auch Barth nicht und so gab er in einer kleinen Gruppe, in der seine Dogmatik besprochen wurde, seinem Zorn über die Schweizer Zeitungen Ausdruck, indem er sie beschuldigte «voll von Lügen zu sein».[2] Das wurde nun prompt durch eine Indiskretion in die Presse getragen. Daraufhin wurde in der «Schweizerischen Politischen Korrespondenz» vom 17. Januar 1952 «allen Ernstes» gefragt, «ob es nicht an der Zeit wäre, den Herrn Theologieprofessor endlich einmal vor den Strafrichter zu zitieren».

Das veranlasste nun Barth einen allerdings unveröffentlichten Brief für die schweizerische Öffentlichkeit zu verfassen, in welchem er seinem Bedauern Ausdruck gab, dass die Öffentlichkeit sich immer wieder mit ihm beschäftigen müsse. Allerdings sei nicht er es, der die Öffentlichkeit suche. Seine beiläufigen Äusserungen würden behandelt, als ob er sie «durch irgend einen vatikanischen Sender» in die Welt gehen liesse. Umso bedauerlicher empfand er es, dass man darob von den «grossen, schönen und wichtigen Dingen», mit denen er sich in seinem Beruf beschäftige, keine Kenntnis nehme.[3]

Viele Jahre später sagte Barth in einem Gespräch zu seinem «Schweigen» nach der Veröffentlichung des Briefwechsels: «Ich habe nicht darauf geantwortet. Da[mals] war ich etwas über 60 – und ich habe immer gesagt: Holla, wenn der mir gekommen wäre, als ich 30 war! Der würde damals etwas erlebt haben. Dann würde ich ihm gezeigt haben, wie man als Basler lachen und hauen und stechen kann. Vielleicht hätte ich ihm

---

[1] Freys Stellungnahme hat Feldmann noch 1955, als Frey starb, beschäftigt. Er schrieb in seinem Tagebuch am 8.11.55 über Frey: «In der Diskussion mit Barth hat er scharf gegen mich Stellung genommen. Wieder ist ein ‹Blatt umgewendet›.»

[2] Vgl. dazu K. Barth, Offene Briefe 1945–1968, 297–303.

[3] Vgl. dazu Barth, a.a.O., 303–307.

dort eine Antwort geben können, die bewirkt hätte, dass er nicht Bundesrat geworden wäre. Ich hätte ihn lächerlich machen können. Ich habe es also nicht getan [...] Ich kann das jetzt ruhig erzählen. [Der Mann] ist längst gestorben und weiss es jetzt sicher besser.»[1]

Wie schon vor der Veröffentlichung des Briefwechsels verabredet worden war, kamen die Theologische Arbeitsgemeinschaft und Regierungsrat Feldmann am 3. September 1951 zu einer weiteren Besprechung und einem Referat, das Albert Schädelin hielt, zusammen. In seinem Referat, das unter dem Titel «Kirche und Staat im Kanton Bern» später veröffentlicht wurde, ging Schädelin in sehr besonnener Weise auf die einzelnen Problemkreise des Berner Kirchenstreites ein.[2] Da er das Referat bereits vor der Veröffentlichung des Briefwechsels verfasst hatte, ging er nur am Rande auf die Auseinandersetzung Barth – Feldmann ein. Schädelin gab Feldmann allerdings zu bedenken, dass das «heraufbeschworene Kesseltreiben» weder der Kirche noch dem Staat diene.[3] In der darauffolgenden Diskussion wurde Feldmann vor allem vorgeworfen, dass er, ohne die AG zu informieren, den Briefwechsel publiziert habe, was negative Folgen für das Vertrauen zwischen Kirchendirektion und Pfarrerschaft haben werde.[4] Ein «Ehekonflikt» sei schwer heilbar, wenn ein Teil damit auf die Strasse gehe, wurde etwa vermerkt. Feldmanns Verhalten gehe in Richtung einer «autoritären Demokratie». Pfarrer Lüthi gab zu bedenken, dass es normal sei, dass man sich Feinde mache, wenn man das Evangelium verkünde. Dafür hätten die Christen auch Weisungen mitbekommen, wie sie sich zu verhalten hätten: «1. Liebet eure Feinde. 2. Seid klug wie die Schlangen und ohne Falsch wie die Tauben – liefert kein Material in die Dossiers. 3. Fürchtet euch nicht – fahret weiter.»

Die AG war also auch auf Grund der Pressehetze keineswegs bereit klein beizugeben. Aber auch Feldmann war zu keinen Eingeständnissen bereit und warnte die AG davor, die Solidarität mit Karl Barth zu weit zu

---

[1] K. Barth, Gespräche 1959–1962, 376f.
[2] Ich habe verschiedentlich auf diese Schrift verwiesen.
[3] A. Schädelin, Kirche und Staat, 35.
[4] Vgl. dazu das Protokoll der Sitzung vom 3.9.59 zwischen Regierungsrat Feldmann und der AG (Dokumenten-Sammlung AG). Teilweise abgedruckt ist das Protokoll in: KBRS 107 (1951), 311–313.

treiben. Es gebe auch ein «Selbstwertgefühl des Staates». So etwas lasse sich der Staat nicht noch einmal bieten. Die Kirche müsse die «richtige Wellenlänge» finden, um mit der Berner Regierung zu verkehren, meinte Feldmann.

Vor dem Grossen Rat berichtete Feldmann am 18. September 1951[1], dass zwischen Regierung und Kirchenbehörden in den wesentlichen Fragen Übereinstimmung bestehe. Die AG habe sich zwar durch das Referat von Albert Schädelin deutlich vom Kommunismus distanziert. Ungeklärt bleibe aber die Frage, ob die dialektischen Theologen die freie Forschung an der Universität (ohne dogmatische Einseitigkeit),[2] die andern theologischen Richtungen und das Kirchengesetz von 1945 mit seinen zwei «Toleranzartikeln» akzeptierten.

Der Synodalrat verschickte an die Mitglieder der Kirchensynode, an die Kirchgemeinderäte und Pfarrer ein besonnenes Kreisschreiben, in welchem er über die von der Staatskanzlei herausgegebene Schrift, die ohne sein Wissen veröffentlicht worden war, seinem Erstaunen Ausdruck gab. «Missverständnisse, Missdeutungen und Überspitzungen» verdunkelten nach Meinung des Synodalrats die Lage. Der Synodalrat warnte daher «vor jeder Dramatisierung der gegenwärtigen Situation, vor allem aber vor jeder persönlichen Verdächtigung und Verunglimpfung, vor jeder öffentlichen theologischen oder politischen Diffamierung Andersdenkender».[3]

Der Synodalrat drückte sein Bedauern darüber aus, dass einzelne Pfarrer «landesverräterischer Gesinnung» bezichtigt worden seien. Wie der Politiker, so dürfe auch der Pfarrer erwarten, dass er nicht nach «einzelnen freigewählten Aussagen» beurteilt werde, sondern nach seiner gesamten Haltung und Leistung.[4] Ohne irgendwelche Namen zu nennen, stellte sich der Synodalrat auf die Seite Karl Barths und der angegriffenen Pfarrer.

---

1   Vgl. im Folgenden: Tagblatt des Grossen Rates, 18.9.51, 477ff.
2   Feldmann hatte kein Verständnis dafür, dass die Theologie trotz Gastrecht an der staatlichen Universität, kirchliche Wissenschaft bleibt und sich in ihrer Methode letztlich ihrem Gegenstand, Jesus Christus, zu verpflichten hat. Vgl. dazu: K. Barth, Fides quaerens intellectum, 25ff.
3   Kreisschreiben des Synodalrats, Okt. 1951, 5.
4   Kreisschreiben des Synodalrats, a.a.O., 7.

Wegen des Kirchenstreits ersuchte der Synodale Dr. A. Küenzi in der Kirchensynode vom 4. Dezember 1951 den Synodalrat in einer Motion zu untersuchen, was unter den Ausdrücken «gemäss den Grundsätzen der Reformation» und «Freiheit der Lehrmeinung auf reformierter Grundlage» (Artikel 60 des Kirchengesetzes) zu verstehen sei. Dazu fragte er, was auf Grund der Interpretation dieser Ausdrücke, der Begriff «Toleranz» für die Berner Kirche bedeute.[1]

Mit dieser Motion wurde der Synodalrat beauftragt, zu den wichtigsten Streitpunkten im Berner Kirchenstreit Stellung zu nehmen. Die Wahl von Regierungsrat Feldmann in den Bundesrat führte dazu, dass in der Berner Kirche wieder weitgehend Ruhe einkehrte. Der Synodalrat beantwortete die Motion daher erst drei Jahre später.

Er hielt in seiner Antwort fest, dass die Berner Kirche keine bekenntnislose Kirche sei (nach Artikel 60 des Kirchengesetzes). Darum dürfe der Staat die Glaubens- und Gewissensfreiheit nicht einfach auf die Kirche übertragen.[2] Die Frage der «Freiheit der Lehrmeinung» müsse in der Kirche von ihrem Bekenntnis her beurteilt werden. In der Kirche könne es von daher nur eine «Freiheit der Gebundenen» geben. Für den Christen gebe es allein in Christus Freiheit. Die Kirche könne nach Meinung des Synodalrates auf eine von Gott gegebene Grenze stossen, wo eine rein humanistisch verstandene Toleranz nicht mehr möglich sei.

Der Erklärung des Synodalrates konnten alle Fraktionen und kirchlichen Richtungen zustimmen. Damit war der Berner Kirchenstreit zu einem Ende gekommen und in der Berner Kirche wieder der Frieden und die einvernehmliche Partnerschaft zwischen Kirche und Staat eingekehrt.

Die zentralen Fragen bezüglich des Verhältnisses von Kirche und Staat, um die es im Berner Kirchenstreit ging, müssen aber zu allen Zei-

---

[1] Vgl. Protokoll der Verhandlungen der Kirchensynode vom 4.12.51, 3 und 49ff. Feldmann wertete diese Motion als «Misstrauensvotum» gegen die Kirchendirektion und «dokumentierte» den Regierungsrat in «Sachen Barth». Vgl. dazu: Feldmann, Tagebuch, 2.12.51.

[2] Vgl. im Folgenden: Protokoll der Verhandlungen der Kirchensynode vom 29.6.54, 25ff.

ten neu bedacht werden.[1] Die Kirche hat ihren Glauben auch dem Staat gegenüber immer wieder neu und verbindlich zu bekennen.

Dass in der damaligen Zeit so leidenschaftlich – wenn auch zum Teil auf beiden Seiten mit zu viel Polemik und mit Methoden, die zum Teil an den Kulturkampf erinnerten[2] – um diese Fragen gerungen wurde, zeugt für die Lebendigkeit des Verhältnisses, das damals zwischen Kirche und Staat herrschte, aber auch für das Engagement der damaligen Kirchenvertreter und der Politiker.

---

[1] Interessant ist, dass die Freisinnig-Demokratische Partei (FDP) des Kantons Zürich in ihren Thesen zum Verhältnis von Kirche und Staat für die Zürcher Disputation 1984 weitgehend die gleichen Positionen vertreten hat wie Feldmann im Berner Kirchenstreit. Abgedruckt sind die Thesen in: EPD, 18. Juli 1985, Nr. 28, 3–6.

[2] Vgl. dazu R. Dellsperger, Kirche – Gewissen des Staates?, 181.

8. Karl Barth und Markus Feldmann im Ost-West-Konflikt nach dem Berner Kirchenstreit

Der Ost-West-Konflikt und die damit zusammenhängenden Fragen haben Karl Barth und Markus Feldmann auch nach dem Berner Kirchenstreit immer wieder beschäftigt.

Als 1956 sowjetische Panzer den Volksaufstand in Ungarn niederwalzten, sah sich Feldmann, der damals Bundespräsident war, in seiner Haltung bestätigt. Er hatte stets vor einer «friedlichen Koexistenzpolitik» mit der Sowjetunion gewarnt. Von ihm inspiriert ist der Friedensappell, den die Schweiz im November 1956 an die Grossmächte richtete.[1]

Feldmann fragte sich in seinen Tagebuchaufzeichnungen bereits zu Beginn des Jahres, wie Barth und die schweizerischen Kommunisten sich zu den Ereignissen in Ungarn verhalten würden.[2] Dabei ärgerte er sich über eine Fernsehpredigt des «Barthianers» Stickelberger. In seinem Tagebuch schrieb er dazu: «Es war der typische, aus Nihilismus, Sadismus, Masochismus gemischte Salat einer Theologie, die alles und jedes herunterreisst, um am Schluss mit einem billigen Kniff auf den Glauben an die Gnade zu verweisen. Einmal mehr ist mir klargeworden, wie diese Art von reformierter Theologie darauf ausgeht, jeden ethischen Impuls abzutöten, jedes menschliche Selbstvertrauen zu untergraben und jeden inneren Widerstand vor dem Kommunismus zu lähmen. In einem Gespräch mit dem Barthianer Pfarrer Blaser von Büren heute Nachmittag verstärkte sich der Eindruck, dass auf diese Kreise nicht zu zählen ist, wenn's einmal drauf ankommt, die geistige und politische Freiheit zu verteidigen. Man kann den Menschen nicht in den Dreck hinunterstossen, um dann noch der Idee der Freiheit irgendwelchen Wert zuzuerkennen. Alles das hat nicht gehindert, dass Karl Barth ausgerechnet in der freisinnigen Presse der dickste Weihrauch zum 70. Geburtstag gestreut worden ist. Die hoffnungslose Dekadenz des heutigen Freisinns zeigt sich nirgendwo so deutlich wie in diesen Bereichen.»[3] Kurz nach dem Evangelischen Kirchentag 1956 schrieb Feldmann in sein Tagebuch: «In

---

[1] Vgl. dazu Maurer, in: U. Altermatt, Die Schweizer Bundesräte, 450.
[2] Feldmann, Tagebuch, 21.2.56.
[3] Feldmann, Tagebuch, 9.7.56.

Frankfurt hat das ost-westliche Techtelmechtel am Evangelischen Kirchentag unter führender Mitwirkung Niemöllers mit einem Eclat [sic] geendet: Nuschke und der Präsident der ostdeutschen ‹Volkskammer› sind abgereist. Eine zünftige Ohrfeige für die Neutralisten à la Barth und Heinemann und den ‹oekumenischen› Weltkirchenrat.»[1]

Wie diese Tagebuchnotizen zeigen, hat sich Feldmann auch als Bundesrat mit Karl Barth beschäftigt und seine Stellungnahmen genau beobachtet.

Karl Barth schwieg tatsächlich zu den Ereignissen in Ungarn, weil er überzeugt war, dass sich der Kommunismus dort «selber das Urteil gesprochen – und also das unsrige [...] gar nicht nötig»[2] habe, was ihm sowohl im In- wie im Ausland erneut übel genommen wurde.

Der amerikanische Theologe Reinhold Niebuhr fragte Barth öffentlich, warum er zu Ungarn schweige? Barth hat sein Schweigen später in einem offenen Brief «An einen Pfarrer in der Deutschen Demokratischen Republik»[3] begründet: «Es war mit Händen zu greifen, dass das keine echte Frage war. Sie kam nicht aus der praktischen Bedrängnis eines Christen, der mit einem anderen Austausch und Gemeinschaft sucht, sondern aus der sicheren Burg eines hart gesottenen westlichen Politikers, der, wie Politiker es zu tun pflegen, einen Gegner aufs Glatteis führen, mich entweder zu einem Bekenntnis zu seinem primitiven Antikommunismus zwingen oder mich als heimlichen Prokommunisten entlarven und mich so oder so als Theologen diskreditieren wollte.»[4] Im gleichen Brief schrieb Barth: «Wie soll ich Ihnen schreiben, ohne merken zu lassen, dass ich zum Geist und zur Sprache, zu den Methoden und Praktiken des bei Ihnen herrschenden Systems so wenig ja sagen kann, wie zu den Mächten und Gewalten, die hier im Westen über uns sind?»[5]

Der Brief wurde in der östlichen und in der westlichen und besonders in der schweizerischen Presse scharf kritisiert.[6] Barth stellte daraufhin

---

[1] Feldmann, Tagebuch, 12.8.56.
[2] Zitiert nach E. Busch, Karl Barths Lebenslauf, 442f.
[3] Der Brief ist abgedruckt in: K. Barth, Offene Briefe 1945-1968, 401–439.
[4] Barth, a.a.O., 412.
[5] Barth, a.a.O., 414.
[6] Eine Sammlung mit Briefen und Zeitungsartikeln, die sich mit Barths Brief auseinander setzen, findet sich im Karl Barth-Archiv.

enttäuscht fest: «Mit den Schweizern d'accord zu sein, wird mir wohl in diesem Leben nicht mehr gelingen.»[1]

Mit dem Brief an einen Pfarrer in der DDR erregte Barth auch in den westdeutschen Regierungskreisen Missfallen. Als ihm im Herbst 1958 der «Friedenspreis des deutschen Buchhandels» verliehen werden sollte, wusste Bundespräsident Theodor Heuss dies zu verhindern, nachdem er sich einige Zeit zuvor auch von Bundesrat Feldmann die angebliche Anfälligkeit Barths gegenüber dem Kommunismus hatte bestätigen lassen.[2]

Zunehmend beschäftigte Barth nun die Frage der atomaren Aufrüstung. Er bezeichnete es immer wieder als Illusion, dass der Kommunismus, den auch er selber nicht wollte, statt mit sozialer Erneuerung und Reform, mit Atomgeschützen abgewehrt, geschweige denn überwunden werden könne.

Schon 1957 hatte er sich dem Appell Albert Schweitzers und dem der zehn deutschen protestierenden Wissenschaftler gegen Atomwaffen angeschlossen, indem er schrieb: «Die Menschen im Westen und im Osten sollen aufstehen gegen den Wahnsinn, der in dieser Sache im Gange ist [...] Es geht ums Leben. Es geht um sie, um die Menschen.»[3] Wohl nicht zufällig hat Barth diesen Aufruf mit dem Datum «Karfreitag 1957» versehen. Die Atomwaffen sind für Barth «das Teufelszeug, die Teufeleien, Ausprägungen des Nichtigen, mit denen der Mensch nicht spielen, die er erst recht nicht handhaben darf, weil Gott sie ein für allemal im Kreuz Christi bekämpft und als Mächte der Vernichtung und Auslöschung des Menschen besiegt und überwunden hat.»[4]

Bereits während des Koreakrieges (1950/51) hatte Barth in seinem Abschnitt zu Frieden und Krieg in der Ethik der Schöpfungslehre[5] festgehalten, dass es keinen Krieg mehr geben dürfe und nur noch «der

---

1 Zitiert nach E. Busch, Karl Barths Lebenslauf, 450. Umso mehr freute es Barth, dass ihm bald darauf von der Universität Genf der Ehrendoktor verliehen wurde und ihm «damit zum ersten Mal von einer verantwortlichen schweizerischen Stelle aus ein solches freundliches Wort gesagt» wurde. Zitiert nach E. Bonjour, Karl Barth und die Schweiz, 311.

2 Vgl. dazu S. 24.

3 Zitiert nach Busch, a.a.O., 446.

4 B. Klappert, Versöhnung und Befreiung, 283.

5 KD III/4, 515–538.

Friede der Ernstfall» sein könne. Die heidnische Regel «Wenn du den Frieden willst, bereite den Krieg vor», muss nach Barth im Atomzeitalter durch die Regel «Wenn du den Krieg nicht willst, bereite den Frieden vor» ersetzt werden.

Besonders kämpfte Barth gegen eine atomare Bewaffnung der deutschen Armee.[1] Schon die Vorbereitung eines Atomkrieges bezeichnete Barth in Thesen, die er für die deutschen kirchlichen Bruderschaften als Anfrage an die Synode der Evangelischen Kirche in Deutschland (EKD) verfasst hatte, die aber nicht unter seinem Namen erschienen, als Sünde.

In diesem Zusammenhang stellte sich auch die Frage, ob analog zur Barmer Theologischen Erklärung von 1934 der status confessionis auch in der Debatte um die atomare Aufrüstung ausgerufen werden sollte, was im westdeutschen Protestantismus zu grossen Auseinandersetzungen führte. Barth würdigte auch die pazifistische Position positiv, ohne dass er aber für einen prinzipiellen Pazifismus gewesen wäre.[2] Er schrieb dazu in der Kirchlichen Dogmatik: «Man kann im Sinn des Neuen Testaments nicht prinzipiell, nur praktisch Pazifist sein.»[3]

Barth lehnte die Atombewaffnung aber nicht nur für Deutschland ab, sondern «für alle Staaten und Völker, da der Atomkrieg in keinem Sinne mehr ein rechtlicher Krieg sein kann, sondern nur noch der Vernichtung Aller dienen kann.»[4]

Barth kämpfte auch gegen eine atomare Bewaffnung der Schweizer Armee, wie sie der damalige Bundesrat befürwortete. Er beteiligte sich deshalb an einer Initiative gegen die Einführung von Nuklearwaffen in der Schweiz. Der Bundesrat und die Basler Regierung verboten daraufhin im Juli 1958 die Durchführung des «Europäischen Kongresses gegen die Atomrüstung» in Basel.

Bundesrat Feldmann ärgerte sich darüber, dass unter den Gegnern der atomaren Bewaffnung wieder Vertreter der dialektischen Theologie und allen voran Karl Barth zu finden waren. Mit Befriedigung stellte er aber in seinem Tagebuch fest, dass die katholische Kirche im Gegensatz

---

[1] Auch zur Debatte um die atomare Aufrüstung gibt es eine Sammlung mit Briefen und Zeitungsartikeln im Karl Barth-Archiv.

[2] Vgl. dazu: B. Klappert, Schritte zum Frieden, 86–102.

[3] KD IV/2, 622.

[4] Zitiert nach Busch, a.a.O., 447.

zu den «defaitistischen Strömungen» in der evangelischen Kirche «über die Bischöfe und Kardinäle bis zum Papst hinauf das Recht und die Pflicht» bejahen, sich gegenüber einem Angriff mit allen Waffen zu schützen, die zur Verfügung stehen konnten.[1] Weiter schrieb Feldmann in seinem Tagebuch, dass vielleicht auch in dieser Sache mit Karl Barth noch einmal in aller Öffentlichkeit eine Auseinandersetzung wie 1949– 1951 ausgetragen werden müsse, die beweisen werde, dass Barth mit den Kommunisten kollaboriere und den Wehrwillen der Schweizer Bevölkerung untergrabe.[2]

Dazu sollte es nicht mehr kommen. Am 3. November 1958 starb Markus Feldmann an einem Herzversagen. Karl Barth erwähnte damals gegenüber seinem Kollegen Prof. Eduard Buess sehr versöhnlich: «Es habe ihm geträumt, Feldmann sei zu ihm hereingekommen und sie hätten in grosser Herzlichkeit miteinander gesprochen, die ‹Feindschaft› sei wie ausgelöscht gewesen.»[3]

Zwischen Barth und den politischen Behörden kam es aber weiterhin zu heftigen Auseinandersetzungen. 1960 feierte die Universität Basel das 500-Jahre-Jubiläum. Dabei geriet Barth in einen Konflikt mit Karl Jaspers, der Universitätsleitung und dem Regierungsrat von Basel, da zur Feier nur Vertreter von Universitäten aus dem Westen (auch aus Diktaturen), aber keine Gäste aus den Ländern hinter dem «Eisernen Vorhang» eingeladen werden sollten. Barth schrieb in einer Eingabe an den Regierungsrat und in einem Zeitungsartikel gegen diese Einteilung in «würdige und unwürdige» Gäste, was erneut einen Streit in der Presse auslöste.[4] Barth blieb der Jubiläumsfeier demonstrativ fern.[5]

Gleichzeitig warnte er aber auch Theologen im Osten, die kommunistenfreundliche Tendenzen entwickelten und im Kommunismus ein «Heilsereignis» sehen wollten und nun ihrerseits den Kommunismus mit dem Guten und den Westen mit dem Schlechten identifizierten. «Gegen diese Schwarz-Weiss-Malerei und gegen die Zumutung, sie mitzuma-

1 Feldmann, Tagebuch, 10.5.58.
2 Feldmann, Tagebuch, 4.8.58.
3 Uni nova. Mitteilungen aus der Universität Basel, Nr. 42, März 1986.
4 Eine Sammlung mit Zeitungsartikeln und Briefen zu dieser Auseinandersetzung gibt es im Karl Barth-Archiv.
5 Vgl. dazu Busch, a.a.O., 458.

chen, sträuben sich alle meine Haare»[1], schrieb Barth beispielsweise 1962 seinem langjährigen Freund, dem tschechischen Theologen Josef L. Hromádka.

Zu einer weiteren grossen Auseinandersetzung kam es 1961, als Barths Nachfolger gewählt werden sollte. Vorgeschlagen war der bekannte und als politisch links geltende Barthschüler Helmut Gollwitzer aus Berlin. Es entflammte ein baslerischer, ja sogar gesamtschweizerischer Kirchenstreit, der auch in der Presse ein grosses Echo auslöste.[2] Dabei wurde allgemein die politische Untragbarkeit Gollwitzers für die Schweiz behauptet. Im Grunde genommen ging es aber noch einmal um eine Abrechnung mit Karl Barth und dabei insbesondere um seine politische Haltung. Nachfolger Barths wurde schliesslich nicht Gollwitzer, sondern der Schweizer Heinrich Ott.

---

[1]   M. Rohkrämer, Freundschaft im Widerspruch, 214.
[2]   Auch dazu gibt es eine Sammlung von Zeitungsartikeln und Briefen im Karl Barth-Archiv.

9. Der theologische Hintergrund der Auseinandersetzung zwischen Karl Barth und Markus Feldmann

Im Kern der Auseinandersetzung zwischen Karl Barth und Markus Feldmann ging es letztlich um den Anspruch des Staates, die Kirche und die Theologie den Interessen des Staates ein-, wenn nicht sogar unterzuordnen. Ging es Feldmann um den praktisch uneingeschränkten Souveränitätsanspruch des Staates, so ging es Barth und seinen Anhängern gerade um die unüberschreitbare Grenze, die jedem Staat gesetzt ist.

Diese Grenze ist der christlichen Gemeinde durch das Bekenntnis zu Jesus Christus gegeben. Nach der 2. Barmer These, die den dialektischen Theologen und ihren Anhängern aus den Erfahrungen des Deutschen Kirchenkampfes sehr wichtig war, wird «die falsche Lehre» verworfen, «als gebe es Bereiche unseres Lebens, in denen wir nicht Jesus Christus, sondern anderen Herren zu eigen wären.» An der Autorität Jesu Christi hat für die Kirche jede andere Autorität ihre Grenze. Weil die Kirche Christus gegenüber zu bedingungslosem Gehorsam verpflichtet ist, gibt es für sie allen andern Mächten gegenüber – auch gegenüber dem Rechtsstaat – nur einen bedingten Gehorsam.

Auch der beste Staat darf nach Barth nie absolut gesetzt werden. Auch der beste Staat ist relativ und vorläufig. «Ein Staat, der bei seiner Sache ist, wird sich selbst nicht zum Letzten erklären und keine ideologische Unterwerfung von den Bürgern erwarten.»[1]

Feldmann sah in Barths Ortsbestimmung der Kirche deren Loyalität gegenüber dem Staat gefährdet. Er betrachtete die Kirche von aussen, vom Rathaus aus.[2] Für ihn steckte das Kirchengesetz die Grenzen ab, in

---

1 Chr. Frey, Die Theologie Karl Barths, 178.

2 Vgl. dazu M. Feldmann, Staat und Kirche in der Schweiz. In diesem an der Tagung des schweizerischen Vereins für freies Christentum am 26. April 1953 gehaltenen Vortrag hat Bundesrat Feldmann auf grundsätzliche Weise und ohne Polemik aus der Sicht des Politikers und Juristen zum Verhältnis von Kirche und Staat Stellung bezogen. Er hat hier festgestellt, dass die Auslegung des Kirchengesetzes von 1945 im Kanton Bern «durchaus natürliche Diskussionen veranlasste». Feldmann, a.a.O., 68. Unter Bezugnahme auf die Eingangsformel der Bundesverfassung «Im Namen Gottes des Allmächtigen» hat er auch eingeräumt, «dass auch der Staat einer letzten und

welchen sich die reformierte Kirche zu bewegen hatte. Er argumentierte deshalb rein juristisch und orientierte seine Vorstellung von der Kirche an den Grundsätzen einer Mehrparteiendemokratie. Da für ihn in der Kirche der gleiche politische Pluralismus bestimmend sein musste wie im Staat[1], forderte er die Anerkennung und das Geltenlassen verschiedenster religiöser Meinungen nicht nur innerhalb des Staates, sondern auch innerhalb der Landeskirche. Entsprechend übertrug er den Begriff der politischen Toleranz auf die Kirche und forderte von den dialektischen Theologen, denen er eine autoritäre Auslegung des Evangeliums und geistliche Intoleranz vorwarf, die Anerkennung der liberalen Theologie als einer legitimen Richtung innerhalb der Landeskirche.[2] Aus Angst, dass die Liberalen aus der Kirche hinausgedrängt werden könnten, wehrte er sich gegen verpflichtende Bekenntnisse innerhalb der Landeskirche und achtete entsprechend kraft seines Amtes darauf, dass die Freiheit der Lehrmeinung (Artikel 60 des Kirchengesetzes von 1945) in der Kirche eingehalten wurde. Von der Kirche erwartete er aber ein Bekenntnis zur Demokratie, um sie in den Kampf gegen den Kommunismus einzuspannen. Damit überschritt Feldmann für Barth die Grenze, die dem Staat gesetzt ist und mischte sich in die inneren Angelegenheiten der Kirche ein.

Der Staat darf nach Barth seinen Bürgern und erst recht der Kirche keine Weltanschauung aufdrängen. Er hat von seinen Bürgern keine «Liebe» zu fordern, sonst ist er im Begriff, zum Unrechtsstaat zu werden.[3] Seine Aufgabe besteht darin, «nach dem Mass menschlicher Ein-

---

höchsten Autorität untersteht.» Feldmann, a.a.O., 65. Für die Pfarrer als Staatsbeamte dürfe auch nicht das «kleine, schäbige Prinzip» gelten: «Wes Brot ich ess, des Lied ich sing.» Feldmann, a.a.O., 69. Ich könnte mir gut vorstellen, dass dieser Vortrag, bei aller grundsätzlicher Verschiedenheit zur Position von Karl Barth, eine Grundlage für ein konstruktives Gespräch zwischen den beiden Kontrahenten hätte sein können.

1 Vgl. dazu M. Weinrich, Der Katze die Schelle umhängen, 202.

2 Auch als Bundesrat beschäftigte sich Feldmann mit den Professorenwahlen der Theologischen Fakultät der Universität Bern. Er empfing in diesem Zusammenhang beispielsweise den liberalen Theologen Prof. Martin Werner. Vgl. dazu Feldmann, Tagebuch, 6.9.57.

3 Vgl. dazu K. Barth, Rechtfertigung und Recht, 43f.

sicht und menschlichen Vermögens unter Androhung und Ausübung von Gewalt für Recht und Frieden zu sorgen» (5. Barmer These). Der Staat existiert nicht als Selbstzweck, sondern weil er kraft göttlicher Anordnung die Aufgabe hat, für Recht und Frieden zu sorgen.[1]

Barth hat also keine ontologische, sondern eine funktionale Staatsauffassung. Im Gegensatz zu Feldmann lehnt er eine naturrechtliche Begründung des Staates ab.[2] Unter Verzicht auf ordnungstheologische Begründungen – für Barth gehört die Lehre vom Staat nicht in die Lehre von der Schöpfung, sondern in die Versöhnungslehre – fragt Barth danach, was das Christuszeugnis und die darin offenbarte Gerechtigkeit Gottes für den Staat bedeutet. Ihn interessiert dabei nicht das Wesen des Staates, sondern dessen Aufgabe und die Art, wie er die jeweiligen Nöte der Menschen wahrnimmt.

Die Aufgaben des Staates bestimmen zugleich dessen Grenze.[3] Überschreitet er seine Grenze, läuft er Gefahr, zum totalen Staat zu werden, auch wenn er ein demokratisches Gewand trägt. Diesen Vorwurf musste sich Feldmann von verschiedenen Seiten gefallen lassen. Nach der 2. Barmer These kommt allein Jesus Christus, der Gottes Zuspruch ist, «Anspruch auf unser ganzes Leben» zu.

Die dialektischen Theologen störte nicht, dass Feldmann die Kirche anders verstand, als sie es taten. Sie wehrten sich aber dagegen, dass Feldmann darüber wachen wollte, dass und wie die «Freiheit der Lehrmeinung auf reformierter Grundlage» in der Kirche gewahrt werde. Indem der Staat entscheiden wollte, was unter der reformierten Grundlage zu verstehen sei, machte er sich selbst zur Kirche und versuchte die Grenzen des Glaubensbekenntnisses festzulegen.[4] Nach der 5. Barmer These wird die «falsche Lehre» verworfen, «als solle und könne der Staat über seinen besonderen Auftrag hinaus die einzige und totale Ordnung menschlichen Lebens werden und also auch die Bestimmung der Kirche erfüllen.» Wenn sich der Staat in die inneren Angelegenheiten der Kirche

---

[1] Die Theologie hat die «wahrheitsbedürftigen» politischen Begriffe Recht und Frieden mit dem Wahrheitsanspruch des Evangeliums zu konfrontieren. Vgl. dazu E. Jüngel, Mit Frieden Staat zu machen, 54.

[2] Vgl. dazu E. Wolf, Barmen, 140ff.

[3] Vgl. dazu Weinrich, a.a.O., 203.

[4] Vgl. E. Blaser, Landeskirche und Staat, 162.

mischt, hat sich die Kirche auf die Voraussetzung ihrer Existenz zu besinnen und sich zur Wehr zu setzen.[1] Die Kirche hat sich in ihrer Ordnung nicht nach dem Staat, sondern nach dem Evangelium und den reformatorischen Grundlagen zu richten. Was unter der reformierten Grundlage zu verstehen ist, hat die Kirche selber zu erforschen und öffentlich zu vertreten. Darin ist den dialektischen Theologen Recht zu geben.

Barth verstand die Kirche im Gegensatz zu Feldmann allein vom Evangelium und ihrem Herrn Jesus Christus her, so dass sie kein religiöses «Prädikat» der politischen Wirklichkeit werden durfte, sondern mitten in dieser deren kritisches Gegenüber bleiben musste. Es ging Barth dabei um die rechte Unterscheidung von Kirche und Staat.

Es kann dem Staat letztlich nichts Besseres widerfahren, als wenn Staat und Kirche so klar wie möglich unterschieden werden, ohne dass sie dabei nicht positiv aufeinander bezogen blieben.[2] Es geht also nicht etwa um eine Trennung von Kirche und Staat. Die Kirche ist es aber sich selbst und dem Staat schuldig, dass sie sich als an das Evangelium gebundene Kirche vom Staat zu unterscheiden weiss. Das heisst wiederum nicht, dass es nicht ein gutes und partnerschaftliches Verhältnis zwischen Kirche und Staat geben kann, wie dies in der Geschichte der Berner Kirche auch meistens der Fall war. Sehr treffend drückt dies Artikel 158 der «Kirchenordnung des Evangelisch-reformierten Synodalverbandes Bern-Jura vom 11. September 1990» aus: «Die Kirche arbeitet zum Wohl der Menschen partnerschaftlich mit dem Staat und seinen Behörden zusammen. Sie unterstützt den Staat in seiner Aufgabe, für Recht und Frieden zu sorgen und erinnert ihn an die Grenzen, die ihm, wie jeder menschlichen Ordnung, durch Gottes Reich und durch das an Gottes Wort gebundene Gewissen gesetzt sind.»

Auch in ihrem Verhältnis zum Staat hat die Kirche letztlich auf Jesus Christus als das eine Wort Gottes zu hören.[3] Karl Barth stellte 1946 in seiner Schrift «Christengemeinde und Bürgergemeinde» das Verhältnis der beiden Grössen im Bild von zwei konzentrischen Kreisen dar, deren

---

[1] Vgl. dazu W. Huber, Folgen christlicher Freiheit, 100.
[2] Vgl. dazu E. Jüngel, Reden für die Stadt, 14.
[3] Vgl. dazu E. Jüngel, Mit Frieden Staat zu machen, 38.

Zentrum Jesus Christus ist. Die Christengemeinde ist der innere Kreis des Reiches Christi. Sie verkündet die Herrschaft Christi und die Hoffnung auf das kommende Reich Gottes.[1] Auch der Staat steht unter der Verheissung des Reiches Christi und ist deshalb auf seine «Gleichnisfähigkeit für die zukünftige Stadt» ansprechbar. Es wird ihm zugemutet, reales Gleichnis des kommenden Reiches Gottes zu sein.[2] Indem die Kirche das Reich Gottes verkündigt, schärft sie dem Staat die Vorläufigkeit aller politischen Systeme und Herrschaften sowie seine weltlichen Aufgaben ein.[3]

Das Verhalten der Kirche gegenüber dem Staat kann nach Barth von Loyalität über solidarische Kritik bis hin zum Widerstand reichen, wenn der Staat seine wesentlichen Aufgaben der Rechts- und der Friedenswahrung nicht wahrnimmt.

Für Barth ist klar, dass der Christ von der Gerechtigkeit Gottes her nur den Rechtsstaat wollen und bejahen kann, der für ihn Gleichnis des kommenden Reiches Gottes ist. Der Rechtsstaat hat dabei ein Maximum an Recht und Frieden zu realisieren und dafür keine oder nur die minimal nötigste Gewalt einzusetzen.

Der mündige Christ hat ein mündiger Bürger zu sein, der eine nüchterne und unideologische Sicht des Staats hat. Deshalb weigerte sich Barth, auch wenn vom Evangelium her eine Affinität zum demokratischen Staat besteht, diesen als den christlichen gegen alle anderen auszuspielen.[4] Für Barth ist die Demokratie die beste aller Staatsformen, weil sie die humanste und vernünftigste Staatsform ist. Sie dient der Freiheit und der Mündigkeit des Menschen. Sie liegt für ihn deshalb auf der Linie des Neuen Testaments. Dennoch wehrte er sich, sie zu idealisieren und theologisch zu überhöhen. Sie gehört für ihn nicht zum Inhalt des christlichen Glaubens. Barth hat also ein säkulares Staatsverständnis. Gott ist an keine Staatsform gebunden. Jeder Staat ist aber an Gott gebunden. Die irdischen Verhältnisse sollen im Lichte des Evangeliums betrachtet werden. Die Kirche wird deshalb in der Welt das konkrete

---

1 K. Barth, Christengemeinde und Bürgergemeinde, 56.
2 Vgl. dazu E. Jüngel, Reden für die Stadt, 28.
3 Vgl. dazu J. Moltmann, Politische Theologie, 145.
4 Eine ähnliche Position vertrat auch der liberale Theologe Kurt Guggisberg, vgl. dazu K. Guggisberg, Der Freie Protestantismus, 185.

Gebot Gottes, nie aber eine politische Ideologie vertreten. Bereits 1932 schrieb Barth: «Die Verkündigung der Kirche ist per se politisch, sofern sie die in Unordnung befindliche heidnische Polis zur Verwirklichung von Recht aufzurufen hat. Gut ist sie dann, wenn es das konkrete Gebot Gottes, ungut ist sie dann, wenn es die abstrakte Wahrheit einer politischen Ideologie ist, was sie vertritt.»[1] Die Kirche wird sich dabei als Vorkämpferin auf dem Weg zu einer besseren gesellschaftlichen Ordnung zu bewähren haben. Im Hoffen auf das Reich Gottes wird sie sich für vorläufige Rechts-, Freiheits- und Friedensordnungen einsetzen und das Unrecht unerschrocken beim Namen nennen. Die Kirche darf dabei aber mit den gesellschaftlichen und staatlichen Mächten und den Interessen der sie umgebenden Weltanschauung kein uneingeschränkt verbindliches Bündnis eingehen.

Die Kirche darf vom Staat auch zu keiner politischen Stellungnahme gezwungen werden. Eine politische Stellungnahme erfolgt entweder notwendig aus der Bindung der Kirche an Jesus Christus, oder sie hat nicht zu erfolgen. Die politische Dimension des Evangeliums ist eine notwendige Implikation der Verkündigung der Kirche.[2] Sie hängt von dieser ab und nicht von der Mehrheit oder Einmütigkeit der Bürger, wie Feldmann es wünschte.[3]

Nimmt die Kirche politisch Stellung, geht es nach Barth nicht um die politische Entscheidung als solche, sondern um den konkreten Gehorsam gegenüber dem Evangelium. Die Kirche hat kein unmittelbares politisches Mandat. Sie darf nicht zum Subjekt der Politik werden. «Die christliche Gemeinde kann und soll gewiss nicht selber Politik machen und regieren wollen. Sie kann und muss aber den Völkern und Regierungen bezeugen, dass Politik, Gottesdienst, Recht und Freiheit Gottesgaben sind [...] Die christliche Gemeinde ist also als solche verantwortlich für das, was im Staat oder durch den Staat geschieht oder nicht geschieht.»[4] In bestimmten Situationen hat die Kirche deshalb gezielt politisch zu reden. Sie hat ihr Wächteramt gegenüber dem Staat auszuüben

---

[1]   Zitiert nach E. Busch, Karl Barths Lebenslauf, 229.
[2]   Vgl. dazu E. Busch, «Als wäre nichts geschehen», 138f.
[3]   Vgl. K. Barth, Politische Entscheidung in der Einheit des Glaubens, 5.
[4]   K. Barth, Eine Schweizer Stimme, 328.

und kritisch Zeugnis abzulegen.[1] Dies tut sie aber nicht dauerhaft, sondern von «Fall zu Fall».[2]

Für Feldmann ist die Kirche sachlich nicht legitimiert gegenüber dem Staat ein Wächteramt auszuüben, weil sie in sich pluralistisch und bisweilen sogar zerstritten ist und eine einheitliche Meinung zu bestimmten Fragen nicht möglich ist. Daher lehnte er Bekenntnisse innerhalb der Kirche ebenso wie die Ausübung ihres Wächteramtes gegenüber dem Staat ab. Die Kirche kann zwar nach Feldmann in bestimmten Fragen anders urteilen als der Staat, sie hat aber seiner Meinung nach kein Recht, gegenüber dem Staat einen Absolutheits- und Überlegenheitsanspruch zu erheben. Die klaren Bekenntnisse und Stellungnahmen der dialektischen Theologen waren ihm zuwider. Er witterte dahinter einen Absolutheitsanspruch sowohl gegenüber dem Staat, als auch gegenüber den andern Richtungen innerhalb der Landeskirche. Er befürchtete, dass die dialektischen Theologen die Volkskirche auflösen würden.

Den Anhängern Karl Barths ging es aber weder um die Auflösung der demokratisch strukturierten, pluralistischen Volkskirche noch um eine Trennung von Kirche und Staat und schon gar nicht um einen Absolutheitsanspruch, sondern um die Verpflichtung auf das Evangelium von Jesus Christus. Die Kirche hat sich im Sinne der ersten These der Berner Disputation von 1528 zu Jesus Christus als ihrem Haupt zu bekennen und entsprechend aus der Schrift zu leben. Bekenntnisse sind aktuelle Antworten der Kirche in Wort und Tat auf das «eine Wort Gottes» (1. Barmer These). Im Vollzug des Bekennens greift das Bekenntnis notwendig in die Kirche und in die die Welt bewegenden Fragen der jeweiligen Zeit ein.[3] Den dialektischen Theologen war klar, dass sie damit selbst in der Kirche in der Minderheit bleiben würden.[4]

Im punktuellen Bekennen der Kirche – es geht also nicht um allumfassende Bekenntnisse, wie dies allzu eifrige Anhänger Karl Barths hin und wieder missverstanden – wird die Einheit des Glaubens in Frage ge-

---

1   Vgl. dazu Busch, a.a.O., 139.
2   Vgl. dazu E. Busch, Die grosse Leidenschaft, 182.
3   Vgl. dazu K. Barth, Eine Schweizer Stimme, 73f.
4   Vgl. dazu K. Barth, Politische Entscheidung in der Einheit des Glaubens, 17.

stellt,[1] gerade weil die Wahrheit der christlichen Gemeinde nicht einfach gegeben, sondern immer auch aufgegeben ist. In der Bekenntnissituation hat sich zu zeigen, ob der Kirche ihre Einheit trotz unterschiedlichster Auffassungen geschenkt wird.

Feldmann befürchtete, dass durch Bekenntnisse innerhalb der Kirche den Liberalen der Glauben abgesprochen werden sollte und diese aus der Kirche gedrängt werden sollten. In der Tat stellte sich für verschiedene dialektische Theologen die Frage, ob mit der liberalen Richtung eine Gemeinschaft innerhalb der Kirche noch möglich sei, da diese ihrer Meinung nach ebenso die zentralen Anliegen der Reformation und damit die «reformierte Grundlage» und die Gottessohnschaft Jesu in Frage stellten.[2] Aus der Kirche hinauswerfen wollten sie aber niemanden, was ihnen auch nicht möglich gewesen wäre.[3] Die Anhänger Karl Barths waren allerdings der Auffassung, dass sie es nicht verhindern konnten, wenn die Liberalen sich aus der Kirche hinausgedrängt fühlten, wenn in dieser das Evangelium Jesu Christi gemäss den Grundsätzen der Reformation verkündigt wurde.[4]

Die dialektischen Theologen waren sich dabei sehr wohl bewusst, dass ihre Theologie nicht einfach mit der Wahrheit gleichzusetzen war. Das hinderte sie aber nicht, umso ernsthafter um die Bekenntnisgrundlage der reformierten Kirche zu ringen, ohne sich dabei vom Staat dreinreden zu lassen. Daran konnte sie auch kein «Toleranzparagraph» hindern.[5] An dieser Stelle überschritt ihrer Meinung nach Feldmann die Grenze, die dem Staat gesetzt ist.

Die Kirche hat ihr Bekenntnis selber zu finden und öffentlich zu vertreten. Daran darf sie der Staat nicht mit dem Hinweis auf die politischen Grundsätze der Toleranz und des Pluralismus hindern.

Die dialektischen Theologen bejahten den politischen Begriff der Toleranz. Sie anerkannten auch die vom Staat zu schützende Glaubens- und Gewissensfreiheit.[6] Sie wehrten sich aber dagegen, dass auch inner-

---

[1] Vgl. Barth, a.a.O., 10f.
[2] Vgl. dazu A. Schädelin, Kirche und Staat, 27f.
[3] Vgl. dazu Schädelin, a.a.O., 31.
[4] Vgl. Schädelin, a.a.O., 31.
[5] Vgl. Schädelin, a.a.O., 32.
[6] Vgl. Schädelin, a.a.O., 24.

halb der Kirche eine mehr oder weniger grenzenlose Toleranz gelten
sollte, wie sie Feldmann unter Berufung auf Artikel 60 des Kirchengesetzes forderte.[1] Für sie war die innerkirchliche Toleranz durch das reformierte Bekenntnis beschränkt. Aus der Sorge um den reformierten Charakter der Landeskirche konnte und musste es für sie deshalb eine «bestimmte, theologische Intoleranz» innerhalb der Kirche geben, weil in
Bezug auf deren reformierte Grundlage je nach Situation ein «deutliches
Ja» und ein «deutliches Nein» gesagt werden mussten.[2]

In der Tat darf der Grundsatz der Toleranz nicht zu einer Neutralisierung und Relativierung der Wahrheit führen, so dass zugleich immer
das «Ja» und das «Nein» wahr sein kann. Die Toleranz darf zu keiner
Indifferenz führen. Es ist der Auftrag der Kirche, zum Glaubensgehorsam aufzurufen. Deshalb kann sie auch nicht einfach alles gutheissen
und in jedem Fall jeder «Richtung» und Position Gleichberechtigung
gewähren.[3] Wenn es um die Wahrheit geht, darf nichts relativiert werden,
weil die Kirche dabei allein ihrem Herrn Jesus Christus verpflichtet ist.
Eine bekenntnisgebundene Kirche muss deshalb aber noch lange keine
autoritäre Kirche sein.[4]

Die Wahrheit ist auch nie einfach im Besitz der Kirche. Die evangelische Wahrheit ist vielmehr die Wahrheit einer Kirche, die unterwegs ist.
Sie hat sich in jeder Situation immer wieder neu zu realisieren und
durchzusetzen. Dabei wird die Kirche ihr Bekenntnis niemandem aufzwingen wollen, wie dies allzu eifrige Anhänger Karl Barths vielleicht
manchmal zu tun versucht waren. Barth selber war da viel zurückhaltender und nüchterner. Der Glaube setzt sich allein in Freiheit durch. Richtig verstandene Freiheit ist aber nicht Beliebigkeit, wie die dialektischen
Theologen richtig erkannt haben. Wahre Freiheit von allen Mächten
dieser Welt gibt es nur in der Bindung an Jesus Christus, der die Freiheit
ist (2. Kor. 3,17).

---

1 Vgl. zu den Auslegungsschwierigkeiten von Artikel 60 S. 48.
2 Vgl. dazu S. 91.
3 Vgl. dazu H. Gollwitzer, Toleranz, 1041f.
4 Vgl. dazu A. Frey, Kirchenkampf?, 42.

10. Karl Barths politische Ethik im zeitgeschichtlichen Zusammenhang

Karl Barth hat sich immer dezidiert als theologischer und kirchlicher Ethiker verstanden und sich von einer philosophischen Ethik abgegrenzt. Der Ursprung der Ethik ist für ihn nicht der handelnde Mensch, sondern das Gebot Gottes. Dogmatik und Ethik gehören für ihn untrennbar zusammen. Bereits in den Prolegomena zur Kirchlichen Dogmatik (KD) hält Barth fest, dass Dogmatik selbst Ethik sein müsse und Ethik nur Dogmatik sein könne.[1] Eine getrennte Behandlung von Dogmatik und Ethik kann für Barth deshalb nur aus technischen Gründen akzeptiert werden. Barth selbst ordnet die Ethik in der Dogmatik an. Die spezielle Ethik folgt in der KD jeweils dem letzten Teil der Schöpfungs-, Versöhnungs- und Erlösungslehre. Die dogmatischen Reflexionen werden bei Barth also bis zu den ethischen Existenzfragen vorangetrieben. Umgekehrt sind für Barth aus der konkreten Situation entspringende ethische Fragen erst in ihren dogmatischen Voraussetzungen und Hintergründen zu klären, und zwar im Hören auf Gottes Wort. Gemeinsames Thema und Grund der Dogmatik und der christlichen Ethik ist das Wort Gottes. Die Ethik fragt nach dem Wort Gottes unter dem besonderen Aspekt, inwiefern es gebietendes Wort (Gebot) ist.

Ethik ist für Barth die wissenschaftliche Selbstprüfung der christlichen Kirche hinsichtlich der Frage, wie sie in ihrem Tun und in ihrer Ordnung dem Inhalt der ihr eigentümlichen Rede von Gott entsprechen kann.[2]

Barth hat die Ethik als Lehre von Gottes Gebot in der Gotteslehre der KD verankert und der Erwählungslehre nachgeordnet. «Die Lehre von Gottes Gnadenwahl ist das eine und die Lehre von Gottes Gebot ist das andere Element des rechten, christlichen Begriffs vom Bunde Gottes

---

[1] Vgl. KD I/2, 890.

[2] Der Leitsatz von § I der KD lautet: «Dogmatik ist als theologische Disziplin die wissenschaftliche Selbstprüfung der christlichen Kirche hinsichtlich des Inhalts der ihr eigentümlichen Rede von Gott.» (KD I/1, 1).

mit dem Menschen. – In diesem Begriff des Bundes erst vollendet sich der Begriff Gottes selbst.»[1]

Barth ist wichtig, dass der Mensch einerseits das Evangelium von Gottes Gnadenwahl nicht hören kann, ohne damit auch von Gott in Anspruch genommen zu werden. Andererseits ist das den Menschen in Anspruch nehmende Gebot kein abstraktes Gesetz, sondern das Gebot des gnädigen Gottes. Das Gesetz folgt dem Evangelium. Deshalb hat die Ethik die Aufgabe, «das Gesetz als die Gestalt des Evangeliums» zu erklären. Theologische Ethik ist eine Ethik der Gnade.

In der Ethik wird gegenüber der Dogmatik weder die «Blickrichtung» noch das «Thema» gewechselt. Es geht um den «ethischen Gehalt» der Dogmatik.[2]

Als Dogmatik und als Ethik will Barth mit seiner Kirchlichen Dogmatik einen Beitrag zu den nötigen «Klärungen besonders auf dem weiten Feld der Politik» leisten.[3] Rechte Dogmatik hat für Barth also politische Konsequenzen. Sogar in der Gotteslehre kann Barth sagen, es gebe «aus dem Glauben an die Gerechtigkeit Gottes schnurgerade eine sehr bestimmte politische Problematik und Aufgabe».[4] Denn Sein und Wirken Gottes sind nicht voneinander zu trennen.

Obwohl oder gerade weil Barths Ethik christologische und ekklesiologische Überlegungen zu Grunde liegen, ist sie eine der Welt zugewandte Ethik. Die Theologie hat die Aufgabe, den dialektischen Zusammenhang ihres theologischen «Wortes zur Sache» und ihres politischen «Wortes zur Lage» zur Geltung zu bringen.[5] Zum theologischen Erkennen gehört untrennbar auch das Handeln des Christen. Der Mensch kann sich gar nicht zu Gott verhalten, ohne sich nicht auch im gleichen Sinne zu seinen Mitmenschen und seiner Mitwelt zu verhalten. Deshalb hat der Christ nicht nur Hörer, sondern auch Täter des Wortes zu sein. Der Glaube betrifft den ganzen Menschen. Der Mensch wird durch Gottes Wort in seinem ganzen Leben in Anspruch genommen. Er hat Gottes Gnade zu entsprechen.

---

[1] KD II/2, 564.
[2] KD II/2, 599.
[3] KD I/1, XI.
[4] KD II/1, 434.
[5] U. Dannemann, Theologie und Politik, 124.

136

Weil die Ethik sich nicht von der Dogmatik verselbständigen darf, gibt es keine Eigengesetzlichkeit des menschlichen Handelns und der Politik.[1] Christliche Ethik darf für Barth nicht darin bestehen, dass ein vorgefasstes ethisches Programm nachträglich christlich etikettiert wird. Barth kämpft gegen die Verfilzung von Religion und Politik. Die Ethik soll nicht zuletzt die vom Menschen gemachten Götter entlarven und entmythologisieren und insofern aufklärend wirken. Hartmut Ruddies stellt treffend fest: «Die Versöhnung von Gott und Mensch konstituiert nicht nur die bleibende Fremdheit, die unaufhörliche Sorge des Christen in dieser Welt, sondern sie macht den Blick frei für eine unverstellte Wahrnehmung der Welt. Sie aber wird sich nach Barth vorwiegend in zwei Hinsichten bestätigen: theoretisch als Entmythologisierung und Entideologisierung der Welt [...] und praktisch als Kooperation zur Erhaltung der Welt».[2]

Barth geht es in seinen ethischen Darlegungen immer um die Freiheit des Christenmenschen.[3] Eine kleine Schrift, die das Ethikverständnis von Barth sehr schön zusammenfasst, hat den bezeichnenden Titel «Das Geschenk der Freiheit».[4] Barth bezeichnet darin als die zentrale Kategorie christlicher Ethik die Freiheit des Menschen. Freiheit ist weder ein natürliches Recht noch ein natürlich gegebener Besitz, sondern ein gnädiges Geschenk Gottes. Die menschliche Freiheit ist in Gottes eigener Freiheit begründet. Die dem Menschen von Gott geschenkte Freiheit und Mündigkeit muss vom Menschen auch in der Sphäre des Politischen bewährt werden.

In der Kirchlichen Dogmatik erfolgt die dogmatisch-ethische Ortsbestimmung, die in den richtigen Gebrauch der christlichen Freiheit einweist. Konkret politisch äussert sich Barth in der KD nur am Rande beispielsweise gegen die «Atomsünde»[5]. Barth führt seine Leser aber bis an die Schwelle, wo sie dann selber in Freiheit und Verantwortung von

---

1 Viele Politiker, die die Eigengesetzlichkeit der Politik betonen, lassen diese dennoch gern nachträglich theologisch legitimieren. Dagegen hat sich Barth entschieden gewehrt.

2 H. Ruddies, Unpolitische Politik?, 179.

3 Vgl. dazu W. Lienemann, Das Gebot Gottes als ‹Ereignis›, 166.

4 K. Barth, Das Geschenk der Freiheit. Grundlegung evangelischer Ethik.

5 KD IV/3, 802.

Fall zu Fall als christliche Zeugen und als christliche Gemeinde Stellung beziehen müssen.[1] In der KD geht es Barth also um dogmatisch-ethische Grundsatzpositionen und nicht um konkrete Stellungnahmen. Es geht ihm aber auch nicht um das Aufstellen von überzeitlichen Normen. Nicht was ein für allemal gut ist, soll begründet werden, dem Guten (Christus) soll vielmehr entsprochen werden. Es geht um die Entsprechung von Glauben und Tun.

In der Ethik geht es nach Barth also nicht um zeitlose Wahrheiten und Werte, weil die Wahrheit des christlichen Glaubens nie zeitlos ist, sondern um die Begegnung von Gott und Mensch im Hier und Jetzt. Wichtig ist dabei der Gehorsam gegenüber Gottes Wort. Dieser Gehorsam eröffnet aber gerade Freiheit und bestimmte Handlungsmöglichkeiten.

Auf den ersten Blick mag die Kirchliche Dogmatik als unpolitisch erscheinen. In Wirklichkeit führt Barth in der KD aber ein stilles Gespräch mit der Zeitgeschichte. Die Versöhnungslehre der KD bildet beispielsweise den theologischen Hintergrund für Barths politische Auffassungen im Ost-West-Konflikt.[2] «Von der Versöhnungslehre als der Mitte der Theologie her hat sich Barth – sozusagen als dessen praktische Bezeugung und Erläuterung – mit der ‹Ost-West-Frage› intensiv beschäftigt.»[3] Die Tendenz seiner Ethik zielt dabei auf eine aktive Politik der Versöhnung und der Überwindung aller Freund-Feind-Verhältnisse. Der Friedensbewegung Gottes zugunsten der Menschen in der Versöhnung Christi, welche keine Idee und kein utopisches Ideal ist, sondern in der Auferstehung Jesu Christi Wirklichkeit geworden ist, haben die Christen zu entsprechen, indem sie sich in den kleinen Friedensbewegungen, die auf Erden begonnen haben und die im atomaren Zeitalter notwendig sind, engagieren.[4] Die Versöhnung im Kreuz Christi verunmöglicht die Verteufelung des Gegners und ein absolutes Freund-Feind-Verhältnis auch im Blick auf die Ost-West-Frage.[5] Durch die Liebe Gottes in Christus ist die Welt befreit von der unseligen Notwendigkeit, ihr Heil in ir-

---

[1] Vgl. dazu W. Lienemann, Hören, Bekennen, Kämpfen, 558.

[2] Vgl. dazu Ruddies, a.a.O., 176ff.

[3] B. Klappert, Versöhnung und Befreiung, 271.

[4] Vgl. dazu Klappert, a.a.O., 272f.

[5] Vgl. dazu Klappert, a.a.O., 99.

gendwelchen nationalen, politischen, wirtschaftlichen oder moralischen Prinzipien, Idealen oder Systemen westlicher oder östlicher Art zu suchen. Die Ethik der Freiheit versetzt den Christen in Distanz zu allen irdischen Programmen und Ideologien. Barths Ethik der Freiheit bewahrt vor aller Prinzipienethik im Sinne der Aufstellung unverbindlicher weltlicher Normen.

Der letzte, erst posthum veröffentlichte Paragraph von Barths Ethik der Versöhnungslehre[1] gilt dem Aufstand gegen die Herrschaft der totalitären Gewalten. Man kann diese Ausführungen auch als einen nachträglichen Kommentar zu den Debatten und Auseinandersetzungen der 50er Jahre lesen. Die Ethik der Versöhnung ist für Barth eine Ethik des «Kampfes um menschliche Gerechtigkeit», um Freiheit und um Frieden. Die Christen können im «Unser Vater» nicht um das Kommen des Reiches Gottes bitten, ohne sich für die menschliche Gerechtigkeit einzusetzen.[2] Beten und arbeiten (ora et labora) gehören eng zusammen. War in KD III/4 die Freiheit der zentrale Gesichtspunkt, so ist es in der Ethik der Versöhnungslehre die Gerechtigkeit. Der Bitte um das Kommen der Gerechtigkeit Gottes entspricht die menschliche Verantwortung für die Förderung der Gerechtigkeit auf Erden gegen die «herrenlosen Gewalten», die bei Barth für die Eigengesetzlichkeiten, die verabsolutierte Staatlichkeit, den Mammon und alle Ideologien stehen. All diese Mächte tyrannisieren den Menschen und sind von den Christen zu bekämpfen. «Gerade weil ihnen die grosse, die vollkommene Gerechtigkeit als Gottes Werk vor Augen steht, gerade indem es ihnen also in aller Form abgenommen ist, das ihnen Unmögliche leisten zu wollen [...] sind sie wie in grosser Strenge dazu aufgefordert, so auch in grosser Güte dazu befreit und ermächtigt, im Raume der ihnen angewiesenen relativen Möglichkeiten nun eben in grosser Unvollkommenheit, aber rüstig und in aller Ruhe und Heiterkeit das *Ihrige* zu tun.»[3] Der Befreiungskampf ist ein von der Auferstehung Jesu her inspirierter Aufstand gegen alle Formen der Unterdrückung des Menschen durch die Herrschaft totalitärer

---

[1] K. Barth, Das christliche Leben, 347–470.
[2] Vgl. dazu P. Eicher, Der gute Widerspruch, 72.
[3] Barth, a.a.O., 458f.

Gewalten.[1] Die Kirche hat sich allen totalitären Tendenzen entschieden entgegenzustellen.

Noch einmal betont Barth, dass es für die Christen gegenüber jeder Staatsform immer nur «ein relatives Ja oder Nein» geben könne. Total und endgültig entschieden sind die Christen nach Barth immer nur für den Menschen, aber nie für ein politisches Programm, ein Prinzip oder eine Weltanschauung. Sie werden deshalb unter Umständen in politischen Dingen nur ein «geteiltes Ja oder Nein» sagen, wo man von ihnen ein «ganzes Ja oder Nein» erwartet.[2] Es geht Barth dabei nicht um den Wert des Staats an sich, sondern immer nur um seinen Wert für den Menschen. Der Staat hat für Recht, Gerechtigkeit, Freiheit und für Frieden zu sorgen. Barth kritisiert sowohl den Sozialismus als auch den Kapitalismus. Barth zielt dabei auf den «Balken im eigenen Auge». Ihm geht es um Selbstprüfung und Selbstkritik. Die Aufgabe der Kirche ist es, die Politik zu entmythologisieren. Staats- und Gesellschaftsformen dürfen nicht religiös legitimiert werden. Die Kirche darf nicht funktionalisiert und politisch instrumentalisiert werden. Die Kirche geht allen nationalen Verpflichtungen voraus.[3] Die Kirche hat «Kirche für die Welt»[4] zu sein. Sie lebt für diese Welt im Wissen darum, dass das Evangelium nicht von dieser Welt ist. Die Kirche hat aber in dieser Welt solidarisch zu sein und Verantwortung zu übernehmen. Für Barth wird sie gerade dann Kirche für die Welt sein, wenn sie sich für einen dritten Weg entscheidet, und das hiess im Ost-West-Konflikt, für den Frieden und soziale Gerechtigkeit einzustehen und nicht einseitig Partei zu ergreifen.[5]

---

[1] Vgl. dazu Klappert, a.a.O., 134f.
[2] Barth, a.a.O., 464f.
[3] R. Hütter, Evangelische Ethik, 75 und 89.
[4] KD IV/3, 780ff.
[5] In einem Gespräch 1961, bei dem es um die Frage ging, wo die Kirche in der Auseinandersetzung zwischen Ost und West zu stehen habe, antwortete Barth: «Bei dieser Frage kann man sich die Finger verbrennen. Die ‹NZZ› und die ‹Basler Nachrichten› haben mir wegen meiner Stellungnahme in dieser Sache einen ‹schönen› Titel angehängt. Aber die Kirche kann an diesem Kampf zwischen Ost und West nicht teilnehmen. Da gilt wirklich: Gott ‹lässt seine Sonne aufgehen über die Bösen und über die Guten und lässt regnen über Gerechte und Ungerechte› (Mt. 5,45). Was ist denn eigentlich

Ziel war für Barth also nicht der Zusammenschluss von Kirche, Staat und Gesellschaft zu einem christlich-demokratischen Bollwerk gegen den Kommunismus, sondern der Aufbau einer sozialen Demokratie als Brücke zwischen Ost und West und damit ein Ausgleich zwischen östlichem Kommunismus und westlicher Demokratie.[1] Ist doch «Christus nicht gegen K. Marx gestorben, sondern für uns alle».[2]

Auch in seiner speziellen Ethik lehrt Barth kein politisches Ethos. Ihm geht es um die Frage, ob der Mensch hier und jetzt, in der konkreten Situation auf Gottes Wort hört und Gottes Gebot entspricht. In Barths Ethik finden sich deshalb kaum Imperative. Seine Stellungnahmen münden sehr oft in Fragen aus. Nach seinen theologischen Überlegungen pflegt er die Mitchristen und schliesslich auch die Nichtchristen zu fragen, ob nicht auch sie nach dem vernünftigen Abwägen aller Pro und Contra so entscheiden müssten, um dem Willen Gottes in einer bestimmten Situation zu entsprechen.[3] Barth geht es nach 1. Thessalonicher 5,21 darum, alles zu prüfen und das Gute zu behalten. Christliches politisches Urteilen ist auf die Vernunft und auf das Abwägen von Gründen und Gegengründen angewiesen. Die besseren Gründe sollen den Ausschlag geben. Allerdings stehen wir nach Barth «mitten im Feld der Verstandes- und Ermessensfragen vor der Gehorsamsfrage».[4] Deshalb wird der Christ in politischen Fragen nicht einfach seine persönliche

---

los? Da sind zwei Komplexe von Mächten und Ideologien, die einander gegenüberstehen und miteinander ringen. Das ist doch unter keinen Umständen eine Sache, in der man jetzt als Christ Partei ergreifen müsste dafür oder dagegen. Interessant ist die Tatsache, dass es sich hüben und drüben um Menschen handelt, welche Gottes Geschöpfe sind, arme Sünder, für die Jesus Christus gestorben ist, ob es sich dabei um mehr oder weniger christliche Amerikaner oder um mehr oder weniger unchristliche Russen handelt. Da können wir doch von der Botschaft Jesu her nicht auf irgend eine Seite treten.» K. Barth, Gespräche 1959–1962, 204f.

[1] Vgl. dazu Ruddies, a.a.O., 187.
[2] G. Heinemann am 23.1. und 25.3. 1958 im Deutschen Bundestag. Vgl. dazu Klappert, a.a.O., 98f.
[3] Vgl. dazu K. Barth, Politische Entscheidung in der Einheit des Glaubens, 12f.
[4] Barth, a.a.O., 8.

Meinung abgeben, sondern er hat verbindlich zu reden.[1] Kraft holt der Christ nach Barth dabei aus dem Gebet. Denn das Gebet macht den Menschen frei. Er bekommt dadurch ein festes Herz. Die christliche Gemeinde hat nach Barth also auch dort Zeugnis ihres Gehorsams abzulegen, wo es um Verständnis- und Ermessensfragen geht. «Denn es handelt sich bei den politischen Entscheidungen, von denen ‹nichts in der Bibel oder im Katechismus› steht, im einzelnen um Verstandeserwägungen, Ermessensfragen; für den durch ‹den heiligen Geist des Wortes Gottes geleiteten und an dessen Mass sich messenden Christen sind es Gehorsamsfragen. Denn: [...] ohne ein gutes Teil einfachen, gesunden Menschenverstandes und ohne einen Funken von Prophetie – oder sagen wir besser: von der sehenden und drängenden Liebe Christi kann und darf es dabei nicht abgehen.› Also aus der Totalität des Wortes Gottes wollte Barth die jeweiligen politischen Stellungnahmen verstanden wissen [...] Unnötig zu sagen, dass für Barth mit diesem so verstandenen ‹prophetischen›, man könnte sagen ‹charismatischen› Zeugnis grösste Sachkenntnis und äusserste Nüchternheit verbunden waren. Er hat in diesem Zusammenhang oft auf Kants ‹Sapere aude!› hingewiesen: Mut zum Denken.»[2]

Gerade in Fragen der politischen Ethik war es Barth also wichtig, sich des eigenen Verstandes zu bedienen, mit der grösst möglichen Vernunft und entsprechend einsichtig zu argumentieren. Der Christ hat sein politisches Handeln nicht christlich zu begründen, sondern so, dass es allen verständlich ist. Er wird aber seinen politischen Entscheid vor Gott fällen und nicht in einem vom Glauben getrennten Raum. Das vernünftige Urteilen ist dabei ein integraler Bestandteil des Glaubensgehorsams. Die Vermittlung von Gebot und Vernunft führt bei Barth zu politischen Urteilen und zwar deshalb, weil der Heilige Geist und der gesunde Menschenverstand, der der beste Freund des Heiligen Geistes ist, in der Sprache des andern zu reden vermögen. Der gesunde Menschenverstand spricht die Sprache des Heiligen Geistes und nicht den des Zeitgeistes (zum Beispiel den des Kalten Krieges).

---

[1] K. Barth, Eine Schweizer Stimme, 105.
[2] K. Kupisch, Karl Barth, 116.

Barth rechnet dabei durchaus mit der Ambivalenz der ethischen Phänomene im Gegensatz zu vielen Ethikern der Neuzeit, denen es um die Evidenz des Ethischen (Schöpfungsordnungen, Wertesystem etc.) geht. Von einer religiös motivierten Begründung für menschliches Handeln in der säkularen Gesellschaft hält er nichts. Barth äussert sich deshalb in aller Schärfe gegen jede Politik, die sich religiös verklärt und als christlich ausgibt. Staat und Parteien haben nicht religiös zu sein. Deshalb gilt sein Zorn vor allem der Christdemokratie. Jede politische Instrumentalisierung des Evangeliums hat er vehement abgelehnt.

Die Christologie ist für ihn Massstab und Kriterium auch in der politischen Existenz der Kirche.[1]

Es ging Barth dabei immer um das Besondere des Evangeliums in ethischen Auseinandersetzungen. Immer wieder hat er die Bibel befragt, um Orientierung für die Gegenwart zu bekommen.[2] Neben der Bibel war dabei für ihn die Zeitung die wichtigste Lektüre. Dabei hat sich Barth jeweils zu den wichtigen kontroversen Themen ganz ähnlich wie Markus Feldmann ein Dossier mit Zeitungsartikeln und anderen Dokumenten zusammengestellt. Der Christ muss nach Barth gut informiert sein, wenn er sich zu politischen Fragen äussert. Er muss in seinem politischen Urteilen aber auch von der Bibel her kommen. Dabei geht es Barth aber im Gegensatz zu einem Biblizismus nicht darum, aus der Bibel Normen und Gebote abzuleiten und die menschliche Vernunft auszuschalten. Sehr treffend schreibt Wolfgang Lienemann: «Karl Barth war immer beides: ein ganz auf die Sache der Theologie konzentrierter Lehrer und ein politischer, kritischer Zeitgenosse, der nicht gezögert hat, zu den politisch-moralischen Problemen seiner Zeit profiliert Stellung zu nehmen. Dies tat er auf einer dreifachen Basis: (1) unter der Voraussetzung eines möglichst unvoreingenommenen Hörens auf das biblische Zeugnis in seiner reichen Mannigfaltigkeit ebenso wie in seiner hier und jetzt systematisch zu erhellenden Klarheit, (2) aufgrund einer möglichst unbefangenen Beobachtung und Analyse der tatsächlich geschichtlichen Gegebenheiten, und (3) im Versuch einer urteilsbildenden Synthese der

---

1 Vgl. dazu Winzeler, a.a.O., 268.
2 Vgl. dazu W. Lienemann, Das Gebot Gottes als ‹Ereignis›, 176.

verschiedenen Gesichtspunkte, in der Regel nach intensiver und auch kontroverser Beratung mit guten Freunden.»[1]

Theologische Arbeit und Zeitdiagnose, theologische Konzentration und politische Implikation gehören für Barth also untrennbar zusammen. Theologische Erkenntnis wird so auf ihre ethische Dimension hin befragt, dass sie selbst Anleitung zu politischem Handeln gibt.[2] Barths politische Stellungnahmen resultieren also nicht aus einem politischen Dezisionismus, aus einer willkürlichen Entscheidung.[3] Barth geht es gerade um eine nüchterne, desillusionierende Analyse der politisch-ideologischen Auseinandersetzungen.

In Vorträgen und Gesprächen, in Broschüren und vor allem in offenen Briefen hat Barth sich an die Öffentlichkeit gewandt und sich nicht gescheut, ganz pointiert und mutig politisch Stellung zu nehmen. Barth hat dabei Wert darauf gelegt, dass es zwischen seinem theologischen Denken und seinen konkreten politischen Stellungnahmen einen engen Zusammenhang gebe. Sie haben sich gegenseitig befruchtet, ohne dass Barth sie dabei vermischt hätte. Gegenüber denjenigen, welche ihm theologisch, aber nicht politisch folgen wollten, hat er das Misstrauen ausgesprochen, sie hätten ihn vielleicht auch theologisch nicht richtig verstanden.[4] Barths politische Schriften sind durchaus der konkrete Kontext der Kirchlichen Dogmatik,[5] und zwar in dem Sinne, dass Barth in der jeweiligen konkreten Situation, neue und mögliche Konsequenzen des Evangeliums ausspricht.

In seiner «Tagesschriftstellerei» hat sich Barth also sehr konkret geäussert und sich mit viel Zivilcourage nicht gescheut, gerade bei Fragen der Friedenssicherung und des politischen Widerstands ein einsamer Rufer zu sein und gegen den Strom zu schwimmen. Seine Adressaten hat er dabei aufgerufen, ihm entweder zu folgen oder ihm mit guten Gründen zu widersprechen.

---

1   W. Lienemann, Schweizer Ethiker, 43.
2   Vgl. dazu Dannemann, a.a.O., 17.
3   Der Dezisionismus-Vorwurf ist von W.-D. Marsch gegenüber Barth erhoben worden (Gerechtigkeit im Tal des Todes, in: Theologie zwischen gestern und morgen, hrsg. von W. Dantine und K. Lüthi, 167–191).
4   Vgl. dazu P. Winzeler, Widerstehende Theologie, 27.
5   Vgl. dazu B. Klappert, a.a.O., X.

Für Barth gibt es keinen neutralen Standpunkt. Die Kirche hat parteilich zu sein, nicht aber Partei zu werden. Geschlossene ideologische Systeme hat Barth stets abgelehnt. So hat ihn auch der Sozialismus als Idee oder als Weltanschauung nie wirklich interessiert. Seine Zugehörigkeit zur sozialdemokratischen Partei war für ihn eine praktisch politische Entscheidung. Interessiert hat ihn vor allem die gewerkschaftliche Seite der Partei. Gegen die religiösen Sozialisten hat er schon 1919 gesagt: «Das Göttliche darf nicht politisiert und das Menschliche nicht theologisiert werden, auch nicht zugunsten der Demokratie und Sozialdemokratie. Ihr müsst euch, mag eure Stellung in den vorletzten Dingen sein, welche sie wolle, freihalten für das Letzte. Ihr dürft in keinem Fall in dem, was ihr gegen den jetzigen Staat tun könnt, die Entscheidung, den Sieg des Gottesreiches suchen.»[1]

Diese Unterscheidung zwischen dem «Letzten» und dem «Vorletzten», die später auch Dietrich Bonhoeffer aufnahm, hielt Barth in seinen politischen Stellungnahmen zeitlebens durch. Barth hielt aber im Rückblick auf sein Leben und Wirken dazu auch fest: «Es existierte aber der abstrakte transzendente Gott, der sich des wirklichen Menschen nicht annimmt («Gott ist alles, der Mensch ist nichts!»), es existierte eine abstrakt eschatologische Erwartung ohne Gegenwartsbedeutung und es existierte die ebenso abstrakt nur mit dem transzendenten Gott beschäftigte, von Staat und Gesellschaft durch einen Abgrund getrennte Kirche nicht in *meinem* Kopf, sondern nur in den Köpfen meiner Leser, und besonders solcher, die Rezensionen und ganze Bücher über mich geschrieben haben.»[2]

Gerade weil Barth das «Letzte» im Auge behielt, hatte er einen klaren und nüchternen Blick für das «Vorletzte», für die politischen Verhältnisse, mit denen er sich auseinander setzte. Ihm ging es dabei um Rechtsstaatlichkeit, eine demokratische und soziale Gemeinschaft, um soziale Gerechtigkeit, um Meinungs- und Pressefreiheit und vor allem um Völkerverständigung und Frieden. Barth war überzeugt, dass die Hoffnung auf das Reich Gottes und der Kampf für eine Gesellschaft freier Menschen zusammengehören. Die Orientierung auf das Reich Gottes war

---

1 K. Barth, Römerbrief 1919, 381.
2 Zitiert nach E. Busch, Karl Barths Lebenslauf, 303.

ihm Ansporn für positive innerweltliche Zwischenziele, die den Menschen mehr Freiheit und Humanität bringen. Politik war für Barth letztlich «Kampf um die Humanität des Menschen»[1]. Es ging Barth dabei nie um eine politische Theologie oder «um eine Synthese von Theologie und Politik, sondern um konsequente Theologie in der Welt»[2]. Barths Ethik ist eine Ethik des «Gehorsams», eine Ethik des «zivilen Ungehorsams» und «gerade so eine politische Ethik des anbrechenden Reiches Gottes in der Zeit»![3]

In der Politik gibt es nach Barth nie vollkommene und prinzipielle Lösungen, sondern immer nur konkrete vernünftige und sachliche Lösungen, die allen Menschen zugute kommen müssen. Das sind nach Barth deshalb immer soziale Lösungen. Christliche Ethik hat einen durchgehenden Zug nach unten.[4] Die Kirche hat entsprechend der Solidarität Christi mit den Armen vor allem nach unten zu blicken, zu den gesellschaftlich und wirtschaftlich Schwachen. «Lieber soll [die christliche Gemeinde] dreimal zu viel für die Schwachen eintreten, als einmal zu wenig, lieber unangenehm laut ihre Stimme erheben, wo Recht und Freiheit gefährdet sind, als angenehm leise!»[5] Gegenüber allzu ängstlichen Kirchenleuten hält Barth deshalb fest: «Eine Kirche, die aus lauter Angst, nur ja von keinem ‹Kotflügel› gestreift zu werden, nur ja nicht in den Schein zu kommen, Partei zu ergreifen, nie und nimmer Partei zu sein sich getraut, sehe wohl zu, ob sie sich nicht notwendig nun wirklich kompromittiere: mit dem Teufel nämlich, der keinen lieberen Bundesgenossen kennt als eine in der Sorge um ihren guten Ruf und sauberen Mantel ewig schweigende, ewig meditierende, ewig neutrale Kirche: eine Kirche, die, allzu bekümmert um die doch wirklich nicht so leicht zu bedrohende Transzendenz des Reiches Gottes – zum stummen Hunde geworden ist.»[6]

Barth war in der Tat kein bequemer Zeitgenosse. Er «hielt sich mit seiner persönlichen Meinung zu aktuellen Tagesfragen nicht zurück. Er

[1] Dannemann, a.a.O., 258.
[2] Weinrich, a.a.O., 210.
[3] Winzeler, a.a.O., 331.
[4] Vgl. dazu M. Beintker, Karl Barth in Deutschland (1921–1935), 469.
[5] K. Barth, Eine Schweizer Stimme, 329.
[6] Barth, a.a.O., 76.

drückte sie unverhüllt aus. Wo er die Möglichkeit dazu hatte, versuchte er in die Welt einzugreifen und diese in seinem Sinn zu verändern.»[1]

Barths Theologie hatte zum Verdruss vieler Zeitgenossen immer eine ausgeprägte politische Komponente. Gerade in der Schweiz wurde er deshalb immer wieder angegriffen. Das hinderte ihn aber nicht, bis ins hohe Alter die Schweiz an ihre Solidarität mit der übrigen Welt zu erinnern. Er tat dies, weil ihm die Schweiz als Rechtsstaat und als direkte Demokratie mit ihrer humanitären Tradition sehr am Herzen lag. In einem Interview mit einer Zürcher Zeitung zum Schweizer Nationalfeiertag sagte Barth 1961, dass die Schweiz gegenüber den Zwistigkeiten des Kalten Krieges «menschlich überlegen» sein sollte und zugleich sollte sie «menschlich solidarisch mit den echten Sorgen der übrigen Welt (vor allem der Dritten Welt) und damit ihrer eigenen Sache gewiss und ihrer Zukunft sicher» sein.[2]

Im Rückblick auf sein Leben sagte Barth: «Die Theologie, in der ich entscheidend probiert habe, aus der Bibel zu schöpfen, ist für mich nie eine private Sache gewesen, etwas der Welt und dem Menschen Fremdes, sondern ihr Gegenstand ist: Gott für die Welt, Gott für den Menschen, der Himmel für die Erde. Das hat dazu beigetragen, dass meine ganze Theologie immer eine starke politische Komponente hatte, ausgesprochen oder unausgesprochen.»[3] Barths Theologie war auch dort politisch, wo sie nichts anderes als sachgerechte Theologie sein wollte.

---

[1] F. Jehle, Lieber unangenehm laut als angenehm leise, 129.
[2] Zitiert nach Busch, a.a.O., 466.
[3] K. Barth, Letzte Zeugnisse, 21.

Quellen- und Literaturverzeichnis

1. Quellen

1.1 Vom Kanton Bern herausgegebene Druckschriften und Periodika

Kirche und Staat im Kanton Bern. Dokumente zur Orientierung des Grossen Rates als Beitrag zur Diskussion, hrsg. von der Staatskanzlei, Bern 1951 (Briefwechsel mit Karl Barth). Grösstenteils abgedruckt ist der Briefwechsel Barth-Feldmann, in: K. Barth, Offene Briefe 1945–68, hrsg. von D. Koch, Zürich 1984, S. 214–273.

Gesetz über die bernischen Landeskirchen vom 6. Mai 1945

Hugo Dürrenmatt, Gesetz über die Organisation des Kirchenwesens vom 6.5.1945, Bern 1945

Tagblatt des Grossen Rates des Kantons Bern

1.2 Dossier zum Berner Kirchenstreit auf der Kirchendirektion des Kantons Bern, Münstergasse 2, 3011 Bern

M. Feldmann, Kirche und Staat. Referat vom 4.6.1951 gehalten vor der Theologischen Arbeitsgemeinschaft des Kantons Bern, teilweise abgedruckt in: KBRS, 20.9.51, S. 296f und Reformatio, Jan. 52, S. 15–19

Briefwechsel M. Feldmann – A. Debrunner

Briefwechsel M. Feldmann – F. Leuenberger

Briefwechsel M. Feldmann – Theologische Arbeitsgemeinschaft des Kantons Bern

Briefwechsel M. Feldmann – Synodalrat

Briefwechsel M. Feldmann – Militärdirektion des Kantons Bern

Briefwechsel M. Feldmann – Bundesrat K. Kobelt

Briefe von M. Feldmann an die Mitglieder des Regierungsrates

Protokolle über Konferenzen des Synodalrates mit einer Abordnung des Regierungsrates

Sammlung von Zeitungsberichten zur Auseinandersetzung von Kirche und Staat von 1949–1951

1.3 Synodalratsarchiv (deponiert im Staatsarchiv des Kantons Bern)

Protokolle über die Verhandlungen des Synodalrates (B 30/B31)

Korrespondenzen des Synodalrates mit der Kirchendirektion (E 3)

Akten zur Auseinandersetzung zwischen Kirche und Staat von 1949–1951 (Briefe und eine Sammlung von Zeitungsartikeln, B 149)

Briefwechsel zwischen dem Synodalrat und Pfr. Karl von Greyerz (B 217.d)

Protokolle über die Verhandlungen der Kirchensynode

Berner Synodus von 1532 mit den Schlussreden der Berner Disputation und dem Reformationsmandat hrsg. vom Synodalrat der Evangelisch-reformierten Landeskirche des Kantons Bern, Bern 1978

G. Dummermuth, Dein Reich komme, Jahrzehntbericht über die evangelisch-reformierte Kirche des Kantons Bern 1941–1950, Bern 1951

Verfassung der Evangelisch-reformierten Landeskirche des Kantons Bern vom 19. März 1946

Kirchenordnung des Evangelisch-reformierten Synodalverbandes Bern-Jura vom 11. September 1990

1.4 Dokumenten-Sammlung der Theologischen Arbeitsgemeinschaft des Kantons Bern (AG) zum Berner Kirchenstreit (deponiert im Staatsarchiv des Kantons Bern, V Theol. AG, 8)

Mitgliederlisten der Theologischen Arbeitsgemeinschaft

Protokolle der Sitzungen der Theologischen Arbeitsgemeinschaft

Korrespondenzen der Theologischen Arbeitsgemeinschaft mit dem Regierungsrat und der Kirchendirektion

Korrespondenzen der Theologischen Arbeitsgemeinschaft mit Karl Barth

Sammlung von Zeitungsartikeln zur Auseinandersetzung von Kirche und Staat 1949–1951

Ruft getrost ihr Wächterstimmen! Erklärung der Theologischen Arbeitsgemeinschaft des Kantons Bern zur heutigen Lage, Zürich 1943

A. Schädelin, Kirche und Staat im Kanton Bern. Ein Diskussionsbeitrag der «Theologischen Arbeitsgemeinschaft des Kantons Bern», Bern 1951

Blätter vom Muristalden, Mitteilungen des Seminars an seine Schüler und Freunde

Jahresberichte des Evangelischen Lehrerseminars Muristalden

1.5 Karl Barth-Archiv, Bruderholzallee 26, 4059 Basel

Private Briefe von Karl Barth zur Auseinandersetzung mit Markus Feldmann

Private Briefe von Drittpersonen zur Auseinandersetzung Barth – Feldmann

Sammlung von 238 Zeitungsartikeln zur Auseinandersetzung Barth – Feldmann

Sammlung von Zeitungsartikeln und Briefen zu Karl Barths Brief «An einen Pfarrer in der Deutschen Demokratischen Republik» von 1958

Sammlung von Zeitungsartikeln und Briefen zur Debatte um die atomare Aufrüstung

Sammlung von Zeitungsartikeln und Briefen zum 500jährigen Jubiläum der Universität Basel 1960

Sammlung von Zeitungsartikeln und Briefen zur Wahl von Karl Barths Nachfolger an die Universität Basel

2. Periodika

Appenzeller-Zeitung, Herisau

Arbeiter-Zeitung, Basel

Basler Nachrichten

Basler Predigten

Berner Tagblatt

Berner Tagwacht

Der Bund, Bern

Bündner Tagblatt, Chur

Deutsche Rundschau, Gelsenkirchen

Emmentaler Blatt, Langnau

Emmentaler Nachrichten, Münsingen

Evangelischer Kirchenbote, Diessenhofen

Evangelische Kommentare, Stuttgart

Evangelische Volkszeitung, Zürich

Freies Volk, Bern

Glarner Nachrichten

Gossauer-Zeitung, Flawil

Grenchener Tagblatt

Horizonte, Evangelisches Monatsblatt

Junge Kirche, Zürich

Kirchenblatt für die reformierte Schweiz (KBRS), Basel

Kirchenblatt Mett und Madretsch

Leben und Glauben, Evangelisches Wochenblatt, Baden

Merkur, Stuttgart und Baden-Baden

National-Zeitung, Basel

Neue Berner Zeitung

Neue Wege, Zürich

Neue Zürcher Zeitung (NZZ)

Oberländisches Volksblatt, Interlaken

Der Saemann, Monatsblatt der bernischen Landeskirche, Bern

Reformatio, Zeitschrift für evangelische Kultur und Politik, Bern

Rorschacher-Zeitung

Solothurner-Zeitung

Schweizerische Bodensee-Zeitung, Romanshorn

Schweizerische Kirchen-Zeitung, Luzern

Schweizerischer Evangelischer Pressedienst (EPD), Zürich

Schweizerisches Reformiertes Volksblatt, Schrift für freies Christentum, Basel

Schweizerische Theologische Umschau, Bern

St. Galler Tagblatt

Die Tat, Zürich

Thurgauer Tagblatt, Weinfelden

Thurgauer-Zeitung, Frauenfeld

Uni nova. Mitteilungen aus der Universität Basel

Volksstimme St. Gallen

Volks-Zeitung, Spiez

Vorwärts, Basel

Die Woche, Olten/Zürich

Die Wochen-Zeitung, Zürich

3. *Literatur von Karl Barth*

Es sind nur die in diesem Buch zitierten Titel aufgeführt:

K. Barth, Briefe 1961–1968 (GA 6), hrsg. von J. Fangmeier und H. Stoevesandt, 2. Auflage, Zürich 1979

K. Barth – E. Brunner, Briefwechsel 1916–1966 (GA 33), hrsg. von E. Busch, Zürich 2000

K. Barth – E. Thurneysen, Briefwechsel, Band 1: 1913–1921 (GA 3), hrsg. von E. Thurneysen, Zürich 1973

K. Barth – E. Thurneysen, Briefwechsel, Band 2: 1921–1930 (GA 4), hrsg. von E. Thurneysen, 2. Auflage, Zürich 1987

K. Barth, Christengemeinde und Bürgergemeinde, in: Theologische Studien 104, Zürich 1970, S. 49–82 (erschien erstmals 1946 als Heft 20 der «Theologischen Studien»; wieder abgedruckt in: K. Barth, Rechtfertigung und Recht, Christengemeinde und Bürgergemeinde, Evangelium und Gesetz, Zürich 1998)

K. Barth, Christliche Gemeinde im Wechsel der Staatsordnungen, Dokumente einer Ungarnreise 1948, Zollikon-Zürich 1948

K. Barth, Das christliche Leben, Die Kirchliche Dogmatik IV/4. Fragmente aus dem Nachlass. Vorlesungen 1959–1961, hrsg. von Hans-Anton Drewes und Eberhard Jüngel, 2. Auflage, Zürich 1979

K. Barth, Das Geschenk der Freiheit. Grundlegung evangelischer Ethik, Zollikon-Zürich 1953

K. Barth, Der Christ in der Gesellschaft, abgedruckt in: Anfänge der dialektischen Theologie, Teil I, hrsg. von J. Moltmann, München 1966, S. 34–69 (erschien erstmals: Würzburg 1920)

K. Barth, Der Römerbrief (Erste Fassung) 1919 (GA 16), hrsg. von Hermann Schmidt, Zürich 1985

K. Barth, Der Römerbrief (zweiter Abdruck der neuen Bearbeitung), München 1923

K. Barth, Die christliche Verkündigung im heutigen Europa. Ein Vortrag, München 1946

K. Barth, Die Kirche zwischen Ost und West (Theologische Existenz heute!, Nummer 17), München 1949

K. Barth, Die Kirchliche Dogmatik (KD), München, dann Zollikon-Zürich, dann Zürich 1932ff.

K. Barth, Einführung in die evangelische Theologie, Zürich 1962

K. Barth, Eine Schweizer Stimme. 1938-1945, Zollikon-Zürich 1945

K. Barth, Fides quaerens intellectum. Anselms Beweis der Existenz Gottes im Zusammenhang seines theologischen Programms, 1931, hrsg. von E. Jüngel und I. U. Dalferth, 3. Auflage, Zürich 2002

K. Barth, Gespräche 1959–1962 (GA 25), hrsg. von E. Busch, Zürich 1995

K. Barth, Im Namen Gottes des Allmächtigen 1291–1941, Zürich 1941

K. Barth, Letzte Zeugnisse, Zürich 1969

K. Barth, Offene Briefe 1945–1968 (GA 15), hrsg. von D. Koch, Zürich 1984

K. Barth, Politische Entscheidung in der Einheit des Glaubens (Theologische Existenz heute!, Nummer 34), München 1952

K. Barth, Rechtfertigung und Recht, in: Theologische Studien 104, Zürich 1970, S. 5–48 (erschien erstmals 1938 als Heft 1 der «Theologischen Studien»; wieder abgedruckt in: K. Barth, Rechtfertigung und Recht, Christengemeinde und Bürgergemeinde, Evangelium und Gesetz, Zürich 1998)

K. Barth, Rückblick, in: Festschrift für D. Albert Schädelin hrsg. von H. Dürr, A. Fankhauser und W. Michaelis, Bern 1950, S. 1–8

K. Barth, Vorträge und kleinere Arbeiten 1909–1914 (GA 22), Zürich 1993

M. Rohkrämer (Hrsg.): Freundschaft im Widerspruch. Der Briefwechsel zwischen Karl Barth, Josef L. Hromádka und Josef B. Souček 1935–1968, Zürich 1995

Bibliographie Karl Barth. Im Auftrag der Karl Barth-Stiftung und in Zusammenarbeit mit der Aargauischen Kantonsbibliothek und dem Karl Barth-Archiv erarbeitet von Hans Markus Wildi, Band 1: Veröffentlichungen von Karl Barth, hrsg. von Hans-Anton Drewes, Zürich 1984

Bibliographie Karl Barth. Band 2: Veröffentlichungen über Karl Barth, hrsg. von Jakob Matthias Osthoff, Zürich 1992

4. *Literatur von Markus Feldmann*

Der Nachlass von Markus Feldmann ist im Bundesarchiv in Bern deponiert.

M. Feldmann, Tagebuch 1923–1958, 6 Bände, bearbeitet von Peter Moser, Basel 2001/2002

M. Feldmann, Kirche und Staat. Referat vom 4.6.1951 gehalten vor der Theologischen Arbeitsgemeinschaft des Kantons Bern, teilweise abgedruckt in: KBRS, 20.9.51, S. 296f und Reformatio, Jan. 52, S. 15–19

M. Feldmann, Kirche und Staat im Kanton Bern, in: Der Saemann. Monatsblatt der bernischen Landeskirche, 1949, S. 105–107

M. Feldmann, Staat und Kirche in der Schweiz, in: Schweizerische Theologische Umschau, Nr. 3/4 1953, S. 61–74

Kirche und Staat im Kanton Bern. Dokumente zur Orientierung des Grossen Rates als Beitrag zur Diskussion, hrsg. von der Staatskanzlei, Bern 1951. (Briefwechsel mit Karl Barth). Grösstenteils abgedruckt ist der Briefwechsel Barth-Feldmann, in: K. Barth, Offene Briefe 1945–68, hrsg. von D. Koch, Zürich 1984, S. 214–273.

5. Übrige Literatur

Aerne, P., Religiöse Sozialisten, Jungreformierte und Feldprediger. Konfrontationen im Schweizer Protestantismus 1920–1950, Zürich 2006

Altermatt U. (Hrsg.), Die Schweizer Bundesräte. Ein biographisches Lexikon, Zürich und München 1991

Balmer F., Die Stellung der evangelisch-reformierten Landeskirche im Rahmen der bernischen Staatsverfassung, Bern 1946

Barth Chr., Bekenntnis im Werden. Neue Quellen zur Entstehung der Barmer Erklärung, Neukirchen-Vluyn 1979

Beintker M./Link Chr./Trowitzsch M. (Hrsg.), Karl Barth in Deutschland (1921–1935). Aufbruch – Klärung – Widerstand, Zürich 2005

Blaser E., Landeskirche und Staat, in: Reformatio, Februar 1952, S. 91–96 und März 1952, S.159–166

Blum E., Als wäre es gestern gewesen. Wie konnte ich Pfarrer sein – im 20. Jahrhundert, Zürich 1973

Blum E., Unabhängigkeit der Kirche vom Staat, in: Festschrift für D. Albert Schädelin, hrsg. von H. Dürr, A. Fankhauser und W. Michaelis, Bern 1950, S. 133–149

Bonhoeffer D., Zur Frage nach der Kirchengemeinschaft, in: ders., Gesammelte Schriften, Band II, hrsg. Von E. Bethge, München 1959, S. 217–241

Bonjour E., Karl Barth, in: ders., Erinnerungen, Basel/Frankfurt 1983, S. 100–102

Bonjour E., Karl Barth und die Schweiz, in: Theologische Zeitschrift, hrsg. von der Theologischen Fakultät der Universität Basel, Heft 4 1986, S. 303–312

Bonjour E., Markus Feldmann, in: ders., Die Schweiz und Europa. Ausgewählte Reden und Aufsätze, Band V, Basel 1977, S. 301–312

Brunner H. H., Mein Vater und sein Ältester. Emil Brunner in seiner und meiner Zeit, Zürich 1986

Burgsmüller A./Weth R. (Hrsg.), Die Barmer Theologische Erklärung. Einführung und Dokumentation, 3. Auflage, Neukirchen-Vluyn 1983

Buri F., Christlicher Glaube in dieser Zeit, Bern 1952

Busch E., «Als wäre nichts geschehen». Die Freiheit der Kirche und die Frage ihrer politischen Parteinahme am Beispiel von Barths Beteiligung am Kirchenkampf, in: Kirchenblatt für die reformierte Schweiz (KBRS), Mai 1986, S. 134–140

Busch E., Der Theologe Karl Barth und die Politik des Schweizer Bundesrats. Eine Darstellung anhand von unveröffentlichten Akten der Schweizer Behörden, in: Evangelische Theologie (EvTh) 59 (1999), S. 172–186

Busch E., Die grosse Leidenschaft. Einführung in die Theologie Karl Barths, Gütersloh 1998

Busch E., Karl Barths Lebenslauf. Nach seinen Briefen und autobiographischen Texten, München 1975 (unveränderte Neuauflage, Zürich 2005)

Cornu D., Karl Barth und die Politik. Widerspruch und Freiheit, Wuppertal 1969

Dannemann U., Theologie und Politik im Denken Karl Barths, München/Mainz 1977

Dantine W. und Lüthi K. (Hrsg.), Theologie zwischen gestern und morgen. Interpretationen und Anfragen zum Werk Karl Barths, München 1968

Dellsperger R./Fuchs J. G./Gilg P./Hafner F./Stähelin W., Kirche – Gewissen des Staates? Gesamtbericht einer von der Direktion des Kirchenwesens des Kantons Bern beauftragten Expertengruppe über das Verhältnis von Kirche und Politik, Bern 1991

Dummermuth G., Dein Reich komme, Jahrzehntbericht über die evangelisch-reformierte Kirche des Kantons Bern 1941–1950, Bern 1951

Dürrenmatt H., Gesetz über die Organisation des Kirchenwesens vom 6.5.1945, Bern 1945

Eicher P. und Weinrich M., Der gute Widerspruch. Das unbegriffene Zeugnis von Karl Barth, Düsseldorf und Neukirchen-Vluyn 1986

Frey A., Kirchenkampf?. Eine Antwort an Regierungsrat Dr. M. Feldmann, Zollikon-Zürich 1951

Frey Chr., Die Theologie Karl Barths. Eine Einführung, Frankfurt am Main 1988

Fisch A., Meine Bundesräte, Stäfa 1989

Gollwitzer H., Toleranz (Artikel), in: Evangelisches Soziallexikon hrsg. von F. Karrenberg, Stuttgart 1954, S. 1041f

Guggisberg K., Bernische Kirchenkunde, Bern 1968

Guggisberg K., Der Freie Protestantismus. Eine Einführung, 2. Auflage, Bern und Stuttgart 1952

Huber W., Folgen christlicher Freiheit, Ethik und Theorie der Kirche im Horizont der Barmer Theologischen Erklärung, Neukirchen-Vluyn 1983

Hütter R. Evangelische Ethik als kirchliches Zeugnis. Interpretationen zu Schlüsselfragen theologischer Ethik in der Gegenwart, Neukirchen-Vluyn 1993

Jehle F., Lieber unangenehm laut als angenehm leise. Der Theologe Karl Barth und die Politik 1906–1968, 2. Auflage, Zürich 1999

Jüngel E., Barth Karl (Artikel), in: Theologische Realenzyklopädie (TRE), hrsg. von G. Krause und G. Müller, Band V, Berlin/New York, S. 251–268

Jüngel E., Barth-Studien, Zürich-Köln-Gütersloh 1982

Jüngel E., Mit Frieden Staat zu machen. Politische Existenz nach Barmen V, München 1984

Jüngel E. Reden für die Stadt. Zum Verhältnis von Christengemeinde und Bürgergemeinde, München 1979

Kägi W., Die Verfassung als rechtliche Grundordnung des Staates, Zürich 1945

Klappert B./Weidner U. (Hrsg.), Schritte zum Frieden, Neukirchen-Vluyn 1983

Klappert B., Versöhnung und Befreiung. Versuche, Karl Barth kontextuell zu verstehen, Neukirchen-Vluyn 1994

Köbler, R., Schattenarbeit: Charlotte von Kirschbaum – die Theologin an der Seite Karl Barths, Köln 1987

Koch D., Heinemann und die Deutschlandfrage, 2. Auflage, München 1972

Kocher H., Rationierte Menschlichkeit. Schweizerischer Protestantismus im Spannungsfeld von Flüchtlingsnot und öffentlicher Flüchtlingspolitik der Schweiz 1933–1948, Zürich 1996

Kupisch K., Karl Barth in Selbstzeugnissen und Bilddokumenten, Reinbek bei Hamburg 1971

Lienemann W., Das Gebot Gottes als ‹Ereignis›. Bibelgebrauch und freie Verantwortlichkeit in der Ethik Karl Barths, Zeitschrift für Dialektische Theologie (ZDTh) 15/1999, S. 155–177

Lienemann W., Hören, Bekennen, Kämpfen. Hinweise auf Bekenntnis und Lehre in der Theologie Karl Barths, Evangelische Theologie (EvTh) 40/1980, S. 537–558

Lienemann W. und Mathwig F. (Hrsg.), Schweizer Ethiker im 20. Jahrhundert. Der Beitrag theologischer Denker, Zürich 2005

Linz J. J., Totalitäre und autoritäre Regime, hrsg. von R. Krämer, Berlin 2000

Ludwig G., Die Theologische Arbeitsgemeinschaft des Kantons Bern, in: Festschrift für D. Albert Schädelin, hrsg. von H. Dürr, A. Fankhauser und W. Michaelis, Bern 1950, S. 25–32

Marquardt F.-W., Theologie und Sozialismus. Das Beispiel Karl Barths, München 1972

Maurer R., Markus Feldmann (1897–1958). Werden und Aufstieg bis zum Ausbruch des Zweiten Weltkriegs, Bern 1965

Moltmann J., Politische Theologie – Politische Ethik, München/Mainz 1984

Neidhardt W., Psychologie des Religionsunterrichts, 2. Auflage, Zürich 1967

Neuenschwander U., Die neue liberale Theologie, Bern 1953

Ruddies H., Unpolitische Politik? Überlegungen zum Verhältnis von Theologie und Politik bei Karl Barth nach 1945, in: Zeitschrift für Dialektische Theologie (ZDTH) 2/1992, S. 173–197

Schädelin A., Kirche und Staat im Kanton Bern. Ein Diskussionsbeitrag der «Theologischen Arbeitsgemeinschaft des Kantons Bern», Bern 1951

Schweizerisches Bundesarchiv (Hrsg.), Markus Feldmann (1897–1958). Bundesrat-Journalist-Tagebuchschreiber, Bern 2001 (Bundesarchiv Dossier 13)

Selinger S., Charlotte von Kirschbaum und Karl Barth. Eine biografischtheologiegeschichtliche Studie, Zürich 2004

Sieber E., Haeberli W., Gruner E., Weltgeschichte des 20. Jahrhunderts, 3. Auflage, Langenthal 1979

Stamm J. J., Verantwortung und Freiheit einer theologischen Fakultät, in: Berner Vorträge: Theologische Wissenschaft und kirchliche Richtungen, hrsg. in Verbindung mit den «Berner Predigten» von Pfr. P. Haldimann, Pfr. R. Morgenthaler, Pfr. A. Schädein, Bern 1957, S. 5–18

Stoll H. P., Die Diskussion um das bernische Kirchengesetz von 1945 ist im theologischen und Politischen Kontext der Zeit darzustellen und zu analysieren, Akzessarbeit (unveröffentlicht), Bern 1979 (Bibliothek der Theologischen Fakultät der Universität Bern)

Weinrich M., Der Katze die Schelle umhängen. Konflikte theologischer Zeitgenossenschaft, in: Einwürfe, hrsg. von F.-W. Marquardt, D. Schellong, M. Weinrich und dem Chr. Kaiser Verlag, München 1986, S. 140–214

Welter B., Das Christentum in der Geschichte der bernischen BGB, Akzessarbeit (unveröffentlicht), Bern 1978 (Theologische Fakultät der Universität Bern)

Winzeler P., Widerstehende Theologie. Karl Barth 1920–1935, Stuttgart 1982

Wolf E., Barmen. Kirche zwischen Versuchung und Gnade, 3. Auflage, München 1984